PRESS
SOURCES
VIVANT

SOMMAIRE

FRANÇOIS MITTERRAND
UN DESSEIN, UN DESTIN

Hubert Védrine

DÉCOUVERTES GALLIMARD
HISTOIRE

22 rue Abel-Guy, le 26 octobre 1916 à Jarnac au cœur de la Charente : c'est là où commence l'histoire du futur président de la République, deux ans avant la fin de la Première Guerre mondiale. François Maurice Adrien Marie Mitterrand est le deuxième fils et le cinquième enfant de Joseph Mitterrand et d'Yvonne Lorrain, qui en auront huit.
Il dira plus tard : « Mon enfance, qui fut heureuse, a illuminé ma vie. »

CHAPITRE 1

DE JARNAC AU GOUVERNEMENT

“Mes parents étaient attentifs et libres. Ils ne pesaient pas sur moi. [...] Mais ils m'inculquèrent une discipline de vie. [...] J'ai beaucoup vécu avec mes grands-parents maternels. [...] Jamais je n'ai renié mon enfance.”
Mémoires à deux voix

[À gauche, François avec ses grands-parents Lorrain vers 1917-1918. Ci-contre, la maison natale à Jarnac.]

Une enfance heureuse

Le père de François, Joseph Mitterrand, originaire de Limoges, a quitté la compagnie des chemins de fer du Paris-Orléans pour diriger, à cinquante-quatre ans, la vinaigrerie de son beau père. C'est un homme de caractère, catholique conservateur, taciturne et froid, mais sensible. Chez les Lorrain la figure dominante est le grand-père, nationaliste modéré, agréable et tolérant. Sa fille Yvonne,

la mère de François, est intelligente, pieuse, cultivée, gaie. Le jeune François passe ses premières années à Jarnac mais aussi, six mois sur douze, à soixante-dix kilomètres de là, à « Touvent », exploitation agricole de ses grands parents Lorrain à la limite de la Charente et de la Dordogne. Il est décrit alors comme vif et espiègle. Il joue aux échecs avec son grand-père. Sa grand-mère Lorrain y enseigne à ses petits-enfants la vie sociale et familiale, ses règles, ses rythmes, les repas, la conversation, et qu'il faut toujours « rester maître de soi ».

Cette enfance heureuse laissera en lui des traces indélébiles. Enfance provinciale, de Saintonge et d'Aquitaine. Enfance envoûtante, bourgeoise, familiale, avec frères, sœurs, cousins, cousines, dont

Baptême de François. Sa mère est au centre, en robe noire. À Jarnac « lorsqu'on allait à la messe et qu'on refusait de s'associer aux arrogances et injustices de la droite, on était de nulle part. Tel était le cas de mon père [...] », écrira François Mitterrand, dans *Ma part de vérité*. Ce père devenu, « par ordre de succession », négociant dans la vinaigrerie familiale (à droite, étiquette des « Ets Mitterrand Frères »)

"Sans électricité, sans eau courante, les commodités à cent mètres de la maison au demeurant fort confortable, j'ai appris là ce que sont les heures, la courbe des jours, les saisons. Le temps et les choses parlaient de Dieu comme d'une évidence."

Ma part de vérité

[Touvent, maison des grands-parents Lorrain.]

il conservera le goût des grandes tablées. Enfance campagnarde, « sensorielle » dira-t-il. Toujours il aimera les rythmes et les rites ruraux, les arbres, les forêts, les feuillus du Morvan, les chênes qu'il plantera, les oliviers, les chemins où l'on flâne, les eaux courantes des rivières. Comme il s'attachera aux chiens, aux ânes, aux canards de l'Élysée. Ou observera le vol en V des grues et des oies, le mouvement des nuages, et appréciera le temps qui toujours change, les temps, aux antipodes de l'obsession contemporaine du « beau temps ». De là, sans doute, une des sources de sa passion géographique, physique, pour la France, « fille du sol, de l'eau, de la géométrie ». Plus tard, il taquinera ses conseillers citadins, intellectuels ou technocrates ignorants de ces choses. Touvent est vendu quand il a quatorze ans. Par nostalgie, il en conservera le panneau indicateur jusqu'à la fin de sa vie. Sa mère lui a communiqué sa passion de la Bible et de la lecture, il dévore des romanciers pour la jeunesse, Paul Féval, mais aussi déjà des récits sur les croisades, l'histoire de l'Église, les orateurs de la Révolution française. Les livres seront les compagnons fidèles de toute sa vie.

"Nous étions une famille nombreuse : huit enfants, plus deux cousins germains, tous élevés ensemble. Je n'étais pas perdu dans une caravane bruyante. Je pouvais, car j'en avais le goût, conquérir mes moments de solitude."
Mémoires à deux voix

Du plus petit au plus grand : Philippe, Geneviève, Jacques, François, Robert, Colette, Marie-Josèphe, Antoinette.

Collégien, étudiant

Il n'a pas dix ans quand ses parents l'inscrivent comme interne au collège Saint-Paul d'Angoulême, où enseignent des prêtres séculiers et où l'a devancé son frère Robert. Il s'adapte difficilement mais manifeste des goûts pour le ping-pong, la pelote basque, le football et la littérature. Il y fait connaissance de Pierre et François de Bénouville – premiers amis d'une très longue cohorte –, avec qui il lit Montherlant. Vers onze ou douze ans, il sympathise dans le train avec Claude Roy, de Jarnac également, qui étudie au lycée d'Angoulême. Vers quinze, seize ans, il découvre les fascicules de *La NRF*: Mauriac, un ami de son oncle Lorrain mort jeune, Bernanos, Claudel, Rivière. Il lit Fromentin, Chardonne, Gobineau, Suarès, des poésies, des romans, des biographies. Il faut imaginer aujourd'hui ces époques lentes et denses, sans communication ni médias, les longues soirées où la fièvre des éveils se nourrit d'exaltations secrètes, de lectures boulimiques, de conversations adolescentes sans fin, de silence. Déjà ses dons d'expression percent, ainsi lors du premier concours d'éloquence qu'il remporte à quinze ans.

Après son bac ses parents l'envoient étudier à Paris, comme Robert et une de ses sœurs. En 1934, il s'inscrit en faculté de droit et à Sciences-Po. Il loge au « 104 », rue de Vaugirard, foyer pour étudiants tenu par les frères maristes.

Le Paris des années 1930

Le voilà à Paris, sorti du cocon. Il a à peine dix-huit ans. En 1994, il dira à Elie Wiesel « je me suis senti perdu, tout petit, au bas d'une montagne à gravir ». Mais le jeune provincial surmonte sa timidité et découvre goulûment ce Paris des années 1930. Pendant les quatre années qui le séparent de son incorporation, il goûte de tout, flâne à droite et à gauche, rencontre Mauriac, observe le théâtre politique. Au 104, ou ailleurs, il se lie avec Jacques Bénet, Pol Pilven, Jacques Marot, Louis-Gabriel Clayeux, Jean Roy, Bernard et François Dalle, une

« Mon autre idée était de rencontrer les écrivains que, pour des raisons qui n'ont pas toutes résisté au temps, j'admirais. [...]

Je me rendis ainsi à la Mutualité où Gide, Malraux, Benda tenaient des meetings antifascistes, à l'« Union pour la vérité » que fréquentait Bernanos, au Collège de France pour les leçons de Valéry. »

L'Abeille et l'Architecte

François Mitterrand, étudiant dans sa chambre du foyer des Maristes, 104, rue de Vaugirard (à droite). Ci-dessus, œuvres de Bernanos, Malraux et Benda (années 1930).

de ses premières « bandes ». Ses camarades sont frappés par son catholicisme, mais aussi par son esprit, sa causticité, son espièglerie, sa culture, et déjà, son autorité. Il s'irrite si l'on prononce mal son nom : Mi-tte-rrand, deux T et deux R, pas Mitrand. Plus tard, sous la IVe, ses adversaires diront exprès Mitrand. Il poursuit ses études, droit puis Sciences-Po. Il s'inscrit un temps aux Volontaires nationaux (l'organisation de jeunesse des Croix-de-Feu

“Montant d'Angoulême à Paris, en 1934, pour entrer à l'Université, j'avais deux idées-forces en tête. L'une était d'aller au Vél' d'hiv', temple des courses cyclistes sur piste, et d'y assister aux Six Jours (ci-dessus), où des équipes de deux coureurs que les journalistes sportifs appelaient « les écureuils » se disputaient chasses, primes, victoire et gloire en tournant six jours et six nuits ininterrompus sur l'« anneau de Grenelle », devant un public fanatique, ultra-mondain au parterre, populaire aux gradins, qu'une même ferveur enfiévrait. […] Pauvre Vél' d'hiv' que devaient souiller d'autres nuits, d'autres jours lors de la chasse aux Juifs, neuf ans plus tard.”

L'Abeille et l'Architecte

du colonel de La Rocque, fervent catholique, nationaliste, social, anti-allemand, qui sera déporté en 1943). Il travaille un peu pour le très conservateur *Écho de Paris* d'Henri de Kerillis. Il va au théâtre, assiste à des conférences, à quelques concerts. La nuit de la victoire du Front populaire, il écoute dans la rue chanter les « ça ira ». D'un voyage en Allemagne avec les frères Dalle, il revient « bouleversé » par l'impression de force produite par des militaires en manœuvre qu'ils ont croisés. Les mêmes amis le font recevoir par le comte de Paris, en 1938 à Bruxelles.

Curieux ou engagé, François Mitterrand se mêle à diverses manifestations et chahuts d'étudiants comme ici en 1935 (au centre, en vêtements sombres). Selon Jacques Marot, un ami du 104 : « Mitterrand se manifestait surtout par ses convictions religieuses et, comme en toute chose, il se projetait au premier rang. Son catholicisme tendait à le définir avec éclat – un catholicisme auquel il donnait une couleur sociale, dans la tradition du Sillon. Ce qui ne retenait pas ce pieux compagnon de s'affirmer parfois aux dépens des autres ; railleur, à l'occasion mordant, il contenait mal ses humeurs caustiques... »

La curiosité du jeune étudiant est éclectique. C'est aussi l'année où il écrit son premier texte politique. Il y parle de « honte » à propos de l'Anschluss, l'annexion de l'Autriche par Hitler.

En janvier 1938, il a un coup de foudre pour Marie-Louise Terrasse (la future Catherine Langeais), beauté de quatorze ans. Il la courtise assidûment et ardemment. C'est alors un beau jeune homme brun, brillant, de droite sans doute et de culture nationaliste, mais hostile aux fanatismes, sans accointances avec l'extrême droite, qui s'exprime avec soin, et se cherche, lui qui, dès l'enfance voulait « continuer l'histoire de France ».

Prisonnier

Appelé sous les drapeaux en novembre 1938, François Mitterrand est incorporé à la caserne d'Ivry. Il s'y lie avec Georges Dayan, déjà rencontré au quartier Latin, et écrit des vers à Marie-Louise. Le 3 septembre 1939, il est envoyé au-delà de la ligne Maginot, près de Sedan, dans les Ardennes. Il patiente de longs mois – il dira qu'il ne s'est jamais ennuyé nulle part –, participe à des escarmouches, écrit toujours à Marie-Louise et à sa famille. Il vit l'impensable débâcle de mai 40. Le 14 juin « par un temps admirable », il est blessé au dos par des éclats d'obus. Hospitalisé dans les Vosges, il se retrouve prisonnier à Lunéville, transféré en septembre au stalag IXA, près de Kassel, sur la Hesse. C'est de là, tous ses textes en témoignent, que date la première grande rupture dans sa vie, sa « première véritable expérience de la mêlée sociale » : « j'ai vu se décomposer le monde de ma jeunesse », « le banditisme régnait », « l'ordre ancien n'avait pas résisté à l'épreuve de la soupe au rutabaga ».

Cet ordre social ancien, c'est sans doute celui qu'il a connu, dans cette société charentaise « brahmanique », aux « postulats glacés ». « J'ai attendu et espéré du fond de mon enfance,

François Mitterrand rencontre Marie-Louise Terrasse (à gauche) en janvier 1938 au bal de l'École normale. Il a vingt et un ans, elle quatorze. Ils se fiancent en mars 1940, rompent en juin 1941. Il lui aurait écrit plus de deux mille lettres. Ci-dessous, François Mitterrand, deuxième classe au fort d'Ivry. Au centre, celui qui sera son premier ami de gauche et son ami le plus proche, Georges Dayan.

écrira-t-il sans ménagement vingt-neuf ans plus tard, le choc qui l'ébranlerait » ! Après l'effondrement des hiérarchies sociales surgissent de cette masse de milliers de prisonniers, de nouvelles règles, un contrat social, une dignité, des aspirations utopiques. C'est alors seulement, dira-t-il, qu'il commence à se détacher de la foi de son enfance. En octobre, il est envoyé au stalag IXC, en Thuringe, et de là affecté au commando 1515 à Schaala. Il y fait la connaissance du Dijonnais Jean Munier, de Bernard Finifter, Juif russe, de l'ouvrier Roger Pelat (« sans lui je n'aurais pas survécu »), du père Delobre, un jésuite paysan. « Ils m'ont donné confiance pour la vie dans les hommes. » Il ne pense qu'à s'évader. Par besoin viscéral de liberté. Pour revoir une jeune femme qui « lui est chère ». Et dont il doute. Par romantisme.

L'évadé

Première tentative le 5 mars 1941. Trois semaines de marche nocturne vers la Suisse. Échec. Renvoi au stalag IXC. Deuxième tentative le 28 novembre 1941, même s'il sait alors par son frère que c'est fini avec Marie-Louise Terrasse. Dénoncé, il se fait prendre à Metz. De là, le 10 décembre 1941, troisième évasion, inopinée et réussie : six jours plus tard, il atteint le Jura. Ce « retour au pays natal » lui inspire en avril 1943 un texte barrésien. Après avoir touché la prime de réinsertion versée par Vichy, il se repose chez une cousine, en Bourgogne, puis à Saint-Tropez. Il n'a ni profession, ni projet. « J'avais vingt-cinq ans, je ne

Dans *L'Éphémère* du 15 juin 1941 (ci-dessous), un rédacteur prisonnier anonyme fait le premier portrait de François Mitterrand (caricaturé ici en empereur romain) qui est rédacteur en chef de ce journal du stalag IXC. Il le compare à Vautrin, et à Janus pour ses dons d'ubiquité et de dédoublement. Pas mal vu ! Il le décrit aussi « consumé par les flammes dévorantes du lyrisme, de la beauté, de l'élévation de la pensée ».

François Mitterrand

Rédacteur en chef de "l'Ephémère.

Tel Vautrin François Mitterrand est l'homme aux incarnations multiples. Il a, en effet, le don d'ubiquité et je le soupçonne fort d'être en possession du secret redoutable du dédoublement de la personnalité. Nouveau Janus, on le voit ici élégant rédacteur du journal, fin lettré, philosophe perspicace et subtil, et on le rencontre là, sanitaire ponctuel et affairé, dévoué à la cause d'Hippocrate. Les grecs professent qu'il est indigne d'un sage de s'appliquer à un art futile et

grossier ; mais Mitterrand, qui sait qu'un gentleman est partout à sa place, remplit très bien l'une et l'autre de ses fonctions et toujours avec le plus de grâce

savais à quoi me destiner et cette liberté m'était délicieuse. » Il se rend à Jarnac au début de janvier pour retrouver les siens et voir son père – sa mère est morte douloureusement en 1936 – pour qui Pétain reste le « vainqueur de Verdun ». Puis il va à Vichy.

Vichy

Pourquoi ? lui demande Georges-Marc Benamou en 1995 : « Jarnac impossible, Paris, pour les mêmes raisons, difficile, je suis resté en zone sud. Je n'avais pas de situation. Mais j'avais des amis à Vichy, généralement des officiers, cinq à six personnes qui en connaissaient d'autres [...]. On m'a dit "venez... on tâchera de vous trouver quelque chose". J'ai donc débarqué à Vichy. » Peut-être aussi pour retrouver des « copains » prisonniers et aider à libérer des amis captifs. « Vus de l'Allemagne, dira François Mitterrand en 1969, de Gaulle et Pétain n'incarnaient pas deux politiques contradictoires, [...] cette erreur, je l'ai partagée. » Et en 1995 : « Mon cœur penchait plutôt pour l'homme révolté de Londres, mais si je méprisais la révolution nationale, j'avais pour Pétain un réflexe révérencieux qu'un peu plus de culture historique m'eût épargné. » Il y restera dix-huit mois. D'abord « maréchaliste », comme la quasi-totalité des Français, alors pétainistes, il résiste aux occasions d'aller au-delà et trouve son chemin vers la Résistance.

Au début, il ne prend Vichy ni au sérieux, ni au tragique. C'est une « pétaudière », qui grouille d'agents doubles ou triples, toujours reconnue, rappelons-le, par Washington et par Moscou. Il est engagé comme contractuel à la documentation de la Légion des combattants. Son texte le plus

À Vichy, à la fin de 1942 François Mitterrand est photographié avec l'équipe du Commissariat au reclassement des prisonniers de guerre rapatriés. Son responsable, Maurice Pinot, qui sera révoqué par Laval, est le deuxième à droite de la jeune femme au premier rang. Maurice Pinot inspira, et prépara, le passage dans la Résistance des cadres du Commissariat aux prisonniers.

Après son évasion, François Mitterrand se repose, en 1942, à Mantry, chez la sœur de sa mère, Antoinette Sarrazin (page de gauche, au centre).

compréhensif pour le gouvernement de Vichy est une lettre du 22 avril à une de ses cousines où il paraît tenté par une sorte de neutralisme entre l'Allemagne et l'Union soviétique. Dans sa biographie, *Une histoire de Français*, Jean Lacouture parlera, au sujet de ce printemps de 1942, de « saison en enfer ». Mais François Mitterrand se ressaisit vite. En devenant contractuel au Commissariat au reclassement des prisonniers, alors près de 2 millions, dirigé par le très respecté Maurice Pinot, qui y mène, jusqu'à sa révocation brutale par Laval en janvier 1943, une politique anti-collaborationniste. En se rendant le 12 juin 1942, et de nouveau le 15 août, à Montmaur, dans les Hautes-Alpes, où se forme clandestinement sous l'impulsion d'Antoine Mauduit, « homme admirable, fascinant, chevaleresque », « La Chaîne » de résistance.

À Montmaur, le 13 janvier 1943 (ci-dessus), François Mitterrand avec Mauduit, organisateur de « La Chaîne » de résistance, et Cailliau, qui ne cessera de s'opposer à lui.

Résistant

Sous le parapluie de Maurice Pinot, et de plus en plus pour son propre compte, François Mitterrand multiplie dès lors, à Vichy et ailleurs, des contacts avec divers groupes résistants : des camarades de son propre stalag, les anciens prisonniers, les réseaux de Bénouville et de Frenay, ceux du général Giraud et de son ORA, l'Organisation de résistance de l'armée. Comme ses camarades du Commissariat aux prisonniers, François Mitterrand est de moins en moins vichyste, un peu « giraudiste » par transition et commodité, de plus en plus résistant, de plus en plus « capitaine Morland ». Ancien prisonnier-vichysso-résistant : un cheminement apparemment paradoxal, mais qui a existé et dont les historiens ont dû admettre la réalité. Ce groupe n'est pas gaulliste, car il refuse de se laisser absorber par Michel Cailliau, neveu du général de Gaulle.

Après la révocation de Pinot en janvier 1943, c'est dans la Creuse, au moment de la Chandeleur,

au lieu-dit « Chez Livet », dans la maison familiale de leur camarade Pierre Chigot, que Mitterrand, Védrine, Magne, Guinault et Van Batten prennent la décision de principe de créer leur propre réseau de résistance-prisonniers, le Rassemblement national des prisonniers de guerre, vite intitulé « Pin'-Mitt' » (Pinot-Mitterrand). Le même mois, François Mitterrand se rend à une nouvelle réunion chez Mauduit.

À la fin de 1942, et en 1943, ce double jeu continue : résistance et maintien de contacts à Vichy. Le 22 octobre, il est reçu avec trois camarades du centre d'entraide aux anciens prisonniers de l'Allier par le maréchal Pétain. Plusieurs membres du réseau sollicitent ou acceptent la francisque, décoration de Vichy, dont François Mitterrand en avril, ce qui, pensent-ils, les protège. Le 10 juillet 1943, il ose prendre à partie publiquement le successeur de Maurice Pinot, salle Wagram à Paris. François Mitterrand s'enfuit de justesse, audace saluée par Maurice Schumann au micro de Radio-Londres

Pétain tente de séduire les mouvements sociaux : c'est ainsi que François Mitterrand est reçu par le Maréchal avec trois de ses camarades – anciens prisonniers – du centre d'entraide de l'Allier (page de gauche). Marcel Barrois, au centre, sera déporté et mourra à Buchenwald en avril 1944. Ces faits, déjà connus et utilisés contre Mitterrand par les communistes sous la IVe République, et par la deuxième gauche après 1958, donneront lieu cinquante ans après, lors de la parution du livre de Pierre Péan, *Une jeunesse française*, à de vives polémiques, notamment de la part des socialistes.

Londres, Alger

Dans la nuit du 15 au 16 novembre 1943, François Mitterrand s'envole clandestinement pour Londres. Il entend plaider pour la place des prisonniers dans la Résistance. S'estimant marqué par ses responsabilités à Vichy, quels qu'aient été son courage et ses mérites, Pinot s'est placé en retrait.

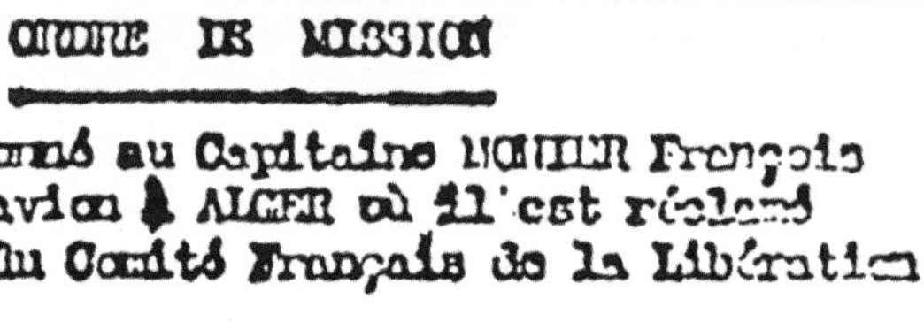

ORDRE DE MISSION

Il est ordonné au Capitaine MONNIER François de se rendre par avion à ALGER où il est réclamé par le Président du Comité Français de la Libération Nationale.

François Mitterrand a le champ libre. Après son évasion, après l'évolution vers la Résistance, par cet acte d'audace et de culot, à vingt-sept ans, il commence à forger ce qu'il deviendra.

À Londres, il entre en contact avec le BCRA, le Bureau central de renseignement et d'action gaulliste, et dans le même temps, obtient un grade au Bureau actions et renseignements. Il devient l'ami du colonel Passy, noue des relations avec les officiers de l'ORA, avec les représentants d'Henri Frenay (qu'il a rencontré à Mâcon, en mars) et avec les services britanniques. Puis Passy l'envoie à Alger où le général de Gaulle veut le voir.

Celui-ci le reçoit le 5 décembre à la villa des Glycines. Rencontre qui apparaît avec le recul comme historique entre le chef de la France libre et une des figures montantes et rebelles de la Résistance intérieure. En le recevant, avec Henri Frenay, le général de Gaulle reconnaît le jeune chef résistant, mais lui enjoint de fusionner ses réseaux-prisonniers avec les autres, sous le contrôle de son neveu – Cailliau-Charrette. François

C'est sur un avion Lysander de ce type (en haut) que François Mitterrand va à Londres à partir d'un terrain de fortune entre Angers et La Flèche, où l'a conduit André Bettencourt. Après un accueil mitigé, les services gaullistes de Londres envoient quand même à Alger Mitterrand/Morland, rebaptisé Monnier, enregistré comme capitaine et chargé de mission de première classe (ci-dessus). Alger où il rencontrera le général de Gaulle. Page de droite, en bas, la signature de François Morland.

Mitterrand s'y refuse. L'entretien tourne court. À Alger, il retrouve aussi Georges Dayan et rencontre pour la première fois Pierre Mendès France.

À ses risques et périls, François Mitterrand décide alors de retourner en France occupée. Il y parvient, après un long périple *via* Marrakech (chez Joséphine Baker), l'Écosse (dans l'avion du général Montgomery), Londres (par le train), une vedette, un canot (côtes du Finistère), le train à Morlaix pour Paris, le 27 février 1944. Il rapporte une lettre de Frenay à Pinot, ordonnant la fusion des trois mouvements de résistance de prisonniers : le réseau « Pin'-Mitt' », les gaullistes, les communistes. Cette fusion a finalement lieu, le 12 mars 1944, non sous la présidence de Cailliau mais sous celle de François Mitterrand, assisté de son ami Jacques Bénet, de Philippe Dechartre pour les gaullistes (à la place de Cailliau), et de Robert Paumier pour les communistes. Elle donne naissance au Mouvement national des prisonniers de guerre et des déportés (MNPGD), qui regroupe environ trois cent mille anciens prisonniers, un million et demi se trouvant encore dans des camps en Allemagne.

Le 1er juin en fin de matinée, Mitterrand/Morland échappe de justesse, avenue Charles-Floquet, à un coup de filet monté par le gestapiste Duval, en fuyant à travers le Champ-de-Mars. Trois heures plus tard, c'est Jean Munier qui réussit à échapper à un guet-apens tendu devant l'appartement des Antelme, 5, rue Dupin.

De ce printemps de 1944, le sociologue Edgar Morin, alors communiste, garde de François

En avril 1944, François Mitterrand fait la connaissance de Danielle Gouze, sœur cadette de Madeleine Gouze, dans la Résistance Christine Rénal, plus tard Christine Gouze-Rénal et épouse de Roger Hanin. Il s'attache aussitôt à cette jeune fille de dix-neuf ans. La famille Gouze est de gauche, patriote et laïque.

Le père, Antoine, est libre-penseur et franc-maçon, et résistant courageux. Le frère de Danielle, Roger, lui fera découvrir en 1946 le site de Solutré, et aimer Lamartine.

Mitterrand le souvenir d'« un résistant très actif [...], un peu téméraire [...] qui s'imposait ». « Plus que de la peur, écrira François Mitterrand pour caractériser ce moment, nous éprouvions de l'angoisse. Mais la curiosité l'emportait sur la peur. Donc on est resté là [à Paris]. »

DERNIÈRE ÉDITION MERCREDI 9 MAI 1945

LIBRES

Victoire!

Français, pavoisez pour le jour "V"

LE REICH A CAPITULÉ SUR TOUS LES FRONTS

Oui, l'espérance était la vérité!

La nuit historique de Reims

Comment fut connue la " bonne nouvelle "

Après la libération de Paris, Henri Frenay rentre d'Alger avec Philippe Dechartre pour prendre possession de son ministère. Ici, sur le perron, Frenay avec, derrière lui à gauche, Dechartre, et à ses côtés, François Mitterrand (en culotte de golf). Ci-dessus, *Libres*, le journal des prisonniers, dans lequel ce dernier écrivait.

Le 6, c'est le débarquement. Courant juin, il est choisi par de Gaulle pour assurer l'intérim du ministère des Prisonniers, dans le « gouvernement » des secrétaires généraux, en attendant la nomination des ministres, en l'espèce Henri Frenay. Le voilà quasi-ministre... Le 25 août, il est à l'Hôtel de Ville quand de Gaulle proclame Paris libéré. Deux jours plus tard, il est au ministère des Armées, rue Saint-Dominique, siège provisoire du pouvoir restauré, où de Gaulle saluant les quinze « substituts » de ministres l'interpelle

François Mitterrand et Danielle Gouze, le jour de leur mariage. Henri Frenay et Roger (Patrice) Pelat sont leurs témoins. Parlant de son couple, Danielle Mitterrand écrira en 1996, dans son livre *En toutes libertés* : « Je ne me suis jamais ennuyée en partageant sa vie, ni dans la joie, ni dans la peine. Je n'ai jamais eu besoin de mentir et les non-dits de part et d'autre étaient suffisamment révélateurs pour ne pas être trompeurs. Rien de banal ou de médiocre, je ne regrette rien. Pour tous ceux qui nous aiment, François et Danielle sont inséparables, indissociables. »

d'un « Encore vous ! » Puis il assiste, le 29, au Conseil de gouvernement, ce qui lui fera écrire : « Nul n'a parlé comme lui le langage de l'État [...]. Je me demande parfois pourquoi cette heure ne m'a pas lié davantage à celui dont je recevais pareille leçon. »

Le 5 septembre 1944, Henri Frenay prend comme prévu ses fonctions de ministre des Prisonniers, Déportés et Réfugiés. Il propose à François Mitterrand de rester le secrétaire général du ministère. Ne voulant pas être fonctionnaire, celui-ci refuse. Il sort des années de guerre transformé, révélé à lui-même, sûr de sa valeur et de son destin, mais sans savoir dans l'immédiat comment s'orienter. Il va s'écouler encore près de deux ans avant qu'il n'entre vraiment dans la vie politique, aux élections de juin 1946.

Incertitudes

Le 28 octobre 1944, François Mitterrand épouse Danielle Gouze à la mairie du VIe arrondissement et à l'église Saint-Séverin. Il écrit pour *Libres*, le journal des prisonniers – c'est à ce titre qu'il suit le procès Pétain, en juillet-août 1945. Il dirige un temps la revue *Votre beauté*. Il entretient surtout avec soin, comme président du MNPGD, ses réseaux prisonniers – base, fidélité, tremplin. En avril 1945, il fait de son ami Jean Védrine le secrétaire général de la nouvelle et puissante Fédération nationale des prisonniers, qui est créée à partir des différents mouvements. Ses rapports se tendent avec le ministre, Henri Frenay, comme avec de Gaulle, après des manifestations de prisonniers mécontents.

Il est désigné pour représenter la France, le 29 avril 1945, lors de la libération par l'armée américaine des camps de Landsberg et de Dachau. Spectacle « hallucinant », « inconcevable ». Peut-être est-ce à cause de cela et parce que son premier fils, Pascal, vient de succomber au choléra infantile (Jean-Christophe naîtra le 19 décembre 1946 et Gilbert le 4 février 1949) que, lors du premier anniversaire de la Libération, il se dit, dans une lettre, gêné par les « ripailles du peuple-roi » lors du 14 juillet 1945 ?

S'il devait devenir écrivain, destin possible, ce serait maintenant, dans ce Paris de 1945-1946, où s'annonce un bouillonnement intellectuel et littéraire et où des amis sont prêts à financer une

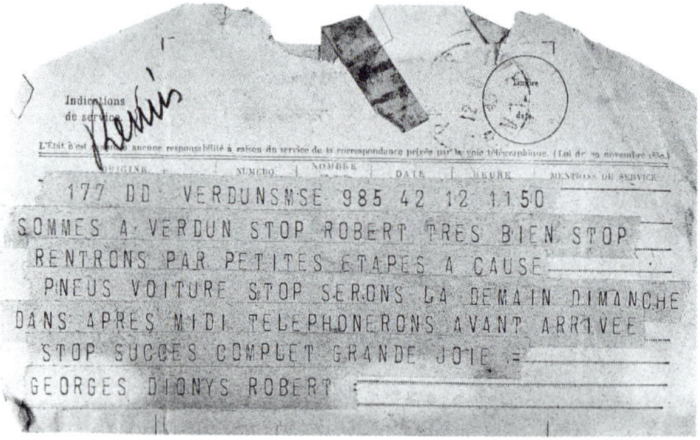
177 DD VERDUNSMSE 985 42 12 1150
SOMMES A VERDUN STOP ROBERT TRES BIEN STOP RENTRONS PAR PETITES ETAPES A CAUSE PNEUS VOITURE STOP SERONS LA DEMAIN DIMANCHE DANS APRES MIDI TELEPHONERONS AVANT ARRIVEE STOP SUCCES COMPLET GRANDE JOIE =
GEORGES DIONYS ROBERT

revue. D'autant que, comme il l'écrit en juillet 1945 à Georges Dayan, bien que la politique le tente, il y a trop de « vieilles cloches à la SFIO », les communistes l'attaquent sur Vichy et la francisque, et les autres sont des « jean-foutre »...

L'entrée en politique

Mais non. Il a goûté à l'action, au pouvoir, à l'Histoire. Il s'est découvert face aux épreuves et au danger, et surtout il a mesuré son exceptionnel ascendant sur les hommes. Sa capacité à les manipuler, diront certains, en tout cas à les entraîner. Son destin sera politique. Ce sera le pouvoir. Mais comment entrer dans le vrai jeu politique de l'après-guerre alors que les communistes, les socialistes et le centre droit (le MRP), qui tiennent à l'écart la droite

À Dachau, le 29 avril 1945, François Mitterrand retrouve, « hasard providentiel », Robert Antelme, le mari de Marguerite Duras, membre de son réseau, déporté le 1er juin 1944. Mais il lui est interdit de le faire sortir. De retour à Paris, il envoie Dionys Mascolo, Jacques Bénet et Georges Beauchamp avec une voiture pour l'« enlever ». Sur le chemin du retour, ceux-ci font parvenir à Marguerite Duras un télégramme rassurant (ci-contre). Ardent défenseur des prisonniers et des déportés, François Mitterrand publie, à l'automne de 1945, *Les Prisonniers de guerre devant la politique* (ci-dessus).

L'Union démocratique et socialiste de la Résistance (à droite, affiche de 1945), que rejoint François Mitterrand, est créée à la Libération. Elle sera un parti charnière sous la IVe République.

et les gaullistes, contrôlent presque tout ? Par une première candidature, sous l'égide lointaine des radicaux, dans la banlieue de Paris en juin 1946, où il échoue. Puis en novembre suivant, sur les conseils de Barrachin et de Queuille, dans la Nièvre, où il est élu sur un programme vague, et de droite. Il rejoint alors l'Union démocratique et socialiste de la Résistance, l'UDSR, au sein de laquelle cohabitent anciens résistants, de Londres et de l'intérieur, choix peu contraignant. En janvier 1947, douze ans et trois mois seulement après être monté à Paris, deux mois après avoir été élu député, il est choisi par Paul Ramadier, président du Conseil, c'est-à-dire, sous la IVe République, chef du pouvoir exécutif, comme ministre des Anciens Combattants, alors que le monde des anciens prisonniers s'agite et revendique.

François Mitterrand, en1946, harangue les prisonniers de la Fédération nationale des prisonniers de guerre et déportés. Il est encore « le jeune homme vif et mince » que décrivait un de ses proches compagnons, Charles Moulin : « Passionné, débordant de forces vitales, parfois tranchant, parfois primesautier, habile à charmer par ses propos et le velouté de ses yeux autoritaires, pétillants ou caressants. Il plaît en général mais certains le trouvent distant, un peu cassant et dédaigneux, trop sûr de lui [...]. Il plisse volontiers les paupières sans réussir à masquer l'éclat de son regard inquisiteur et inquiet. » Fini le temps de celui qui « n'avait pas encore perdu toute sa timidité d'adolescent », et qui voulait « faire oublier qu'il est encore très jeune ».

François Mitterrand est ministre à trente ans à peine, le plus jeune depuis l'Empire. Avec sa « montée à Paris » en 1934, c'est son moment le plus balzacien. Rastignac républicain, il déploie dans le Paris de la IVe République ses multiples talents politiques, son autorité, ses dons d'expression et de séduction.

CHAPITRE 2

UN RASTIGNAC RÉPUBLICAIN

Profession ministre : pendant les onze années que durera la IVe République, François Mitterrand sera onze fois ministre. On le voit, ci-contre, descendre de sa voiture dans la cour de l'Élysée dans les années 1950, et à gauche, au Festival de Cannes, le 5 mai 1956. Il est alors garde des Sceaux (au centre Danielle Mitterrand, à droite Brigitte Bardot).

Ministre de la IVe

Le nouveau ministre des Anciens Combattants, dans son bureau en janvier 1947, entouré des membres de son cabinet.
De gauche à droite : Jean Védrine, directeur adjoint ; Robert Mitterrand, directeur du cabinet, et Georges Beauchamp, chef du cabinet.

Le jeune ministre François Mitterrand chemine d'abord dans l'ombre des caciques de l'après-guerre, les Auriol et Coty, présidents de la République, les Ramadier, Bidault, Queuille, Schuman, Laniel, et autres présidents du Conseil. Se mesure à d'autres brillants sujets tels qu'Edgar Faure ou Félix Gaillard. Se situe face à Pleven, puis auprès d'un Mendès France qui s'affirme et s'impose, unique en son genre. Il sera onze fois ministre de ce régime où le Parlement est roi et l'instabilité gouvernementale chronique. À partir de 1954-1955, il apparaît déjà comme un président du Conseil possible, quelles que soient les inquiétudes que son ambition et ses talents inspirent à ses concurrents. Mais la tragédie algérienne engloutira la IVe République avant qu'il ait atteint son but, Matignon, l'obligeant à repenser sa stratégie.

En 1947, aux Anciens Combattants, alors qu'il doit se consacrer à la réinsertion de presque deux millions et demi de prisonniers de guerre, chiffre sans précédent pour la France dans aucun conflit, il est mis au défi d'imposer sa toute neuve autorité aux syndicalistes CGT qui prétendent régenter le ministère. Et il le fait. Entre les États-Unis, l'Union soviétique et leurs alliés respectifs, la guerre froide s'installe en effet, avec ses conséquences en chaîne. François Mitterrand vit de l'intérieur du gouvernement l'éviction des communistes par Ramadier – ils n'y reviendront que trente-quatre ans plus tard en 1981, avec lui... –, puis la répression, par Jules Moch, ministre socialiste de l'Intérieur, des grèves insurrectionnelles qui s'ensuivent.

À l'occasion d'un voyage en Algérie, il fait un crochet par Oran pour convaincre son ami Georges Dayan, qui s'y est établi comme avocat, de venir travailler avec lui. Ils ne se quitteront plus.

En septembre 1948, Henri Queuille, président du Conseil, lui confie le ministère de l'Information. Poste sensible où il lui faut arrêter un statut pour la nouvelle Agence France-Presse, surmonter les conflits nés de la guerre et de l'Occupation au sein de la presse comme au sein du cinéma français entre anciens et nouveaux, adopter une « définition » – une norme – pour la toute jeune télévision, et aussi bien sûr assumer la censure de l'époque (tout en réfléchissant à la future libéralisation) : pendant une décennie les gaullistes et les communistes sont quasi interdits d'antenne. Mais c'est René Pleven,

Vincent Auriol, ici avec François Mitterrand, est le premier président de la IVe République. Socialiste, député depuis 1914, ancien ministre de Léon Blum, ministre d'État de De Gaulle, président de l'Assemblée constituante puis de l'Assemblée nationale, il est élu président le 16 janvier 1947 pour sept ans. Il incarne la IVe République. Page de gauche, en bas, le ministre des Anciens Combattants, en déplacement officiel à Ammerschwihr en Alsace, en 1947.

nouveau président du Conseil et leader de l'UDSR, son parti, qui, en juillet 1950, lui confie son premier « grand ministère », qu'il a sollicité : la France d'Outre-Mer, pour l'essentiel les colonies françaises d'Afrique noire, l'Indochine et l'Afrique du Nord relevant d'autres ministères.

Le choc africain

Lors d'une tournée de conférences en Afrique, François Mitterrand a jugé le continent « somnolent » mais perçu des « signes de réveil ». À peine nommé, il agit comme si le temps pressait et menaçait la présence française : il inaugure une courageuse politique préventive de changements et de réformes, qui préfigure la loi-cadre que Gaston Defferre fera voter en 1956 pour préparer l'autonomie des colonies africaines et la politique que le général de Gaulle mènera après 1958, en rupture radicale avec la ligne ultraconservatrice du Rassemblement du peuple pour la France, le RPF, dans ces années 1950. Ce ministère sera, selon ses propres termes, « son expérience politique primordiale, celle qui en a commandé l'orientation ».

François Mitterrand est résolu à corriger la façon

“J'avais cru que la société coloniale pourrait se transformer autrement que par la violence. À l'expérience, j'ai compris qu'elle était en soi la violence. Que la violence la gouvernait et que, pour sortir du cycle de la violence, il fallait sortir de la société coloniale.”

Ma part de vérité

En 1985, François Mitterrand confiera à Marguerite Duras : « Je considère avoir accompli peu d'actions aussi utiles que celle d'avoir empêché le processus fatal d'un conflit armé et sanglant entre l'Afrique noire et la France. » Ci-dessus, à gauche et à droite, le ministre de la France d'Outre-Mer, lors de sa visite de février 1951 pour l'inauguration du port d'Abidjan.

dont sont traités les peuples colonisés, à mettre fin à ce qui persiste encore du travail quasi forcé et à leur privation de droits civiques et politiques. S'inspirant à la fois de l'anticolonialisme de Clemenceau et du colonialisme « civilisateur » de Jules Ferry, il entend établir des rapports équitables au sein de l'Union française, abattre les « privilèges scandaleux » des colons, établir l'égalité entre les communautés. Sa politique est vite honnie par l'essentiel de la droite de l'époque, par le RPF, par le parti colonial, dont les intérêts sont puissamment relayés au Palais-Bourbon et dans quelques journaux, et par les communistes eux-mêmes, qui craignent de se voir privés, par des réformes réussies, de troupes révolutionnaires ! Cocassement accusé de « livrer l'Afrique aux Noirs » (!) il tient bon, sanctionne ou déplace les gouverneurs ou fonctionnaires coloniaux saboteurs ou récalcitrants. Six jeunes Africains, dont Houphouët-Boigny, le futur président de la Côte d'Ivoire, viennent alors de créer le RDA, le Rassemblement démocratique africain. Élus à l'Assemblée nationale française en 1946, ils se sont apparentés au Parti communiste français (PCF), seule formation qui les ait acceptés.

“Il faudra attendre 1956 et la loi-cadre de Gaston Defferre pour que chaque pays membre de l'ancien empire colonial fût autorisé à élire une assemblée territoriale et à disposer d'un exécutif échappant à l'autorité sans partage du gouvernement. Les grandes lois émancipatrices comme celle qui a aboli le travail forcé, la loi Houphouët-Boigny, ont été votées après le départ du général de Gaulle en 1946 et âprement combattues par ceux qui se réclamaient de lui.”

Mémoires interrompus

De 1946 à 1981, des milliers de rencontres comme celle-ci où l'on voit, dans les années 1950, le député Mitterrand dans un café à Château-Chinon, eurent lieu dans la Nièvre, puis à partir de 1965, un peu partout en France. En 1978, le journaliste et romancier Jean-Marie Rouart l'accompagnera et écrira : « À Château-Chinon, François Mitterrand est un peu dans sa famille. Il baisse la garde. Le personnage public qui, dans la houle parisienne, paraissait hautain, sarcastique, impérial, ciselant les traits d'une ironie meurtrière, s'était métamorphosé en un homme simple, affable, dépourvu d'affectation. En confiance, il s'abandonnait avec bonhomie à son rôle de notable cultivé présidant avec un soin méticuleux cette réunion du microcosme provincial avec le plaisir manifeste d'être dans le concret. »

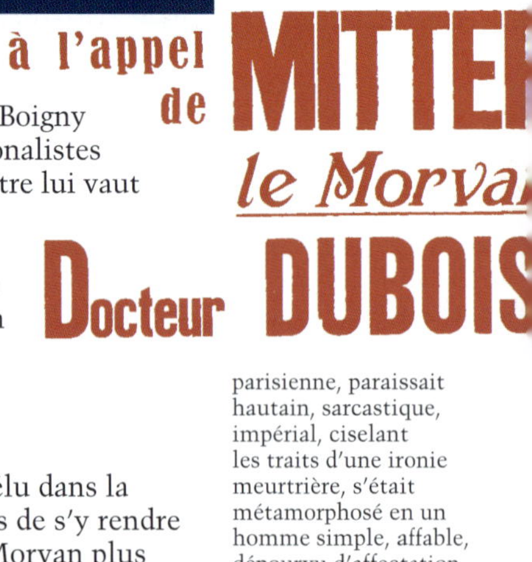

Sous l'impulsion du président du Conseil, René Pleven, François Mitterrand négocie avec Houphouët-Boigny et convainc ce groupe de jeunes nationalistes de rejoindre l'UDSR. Ce coup de maître lui vaut cette fois-ci d'être accusé par le parti colonial d'avoir abandonné l'Afrique au communisme ! Jusqu'à la fin de sa vie il restera attaché au grand dessein d'une communauté France-Afrique, quel qu'en soit le nom.

La Nièvre

En 1951, François Mitterrand est réélu dans la Nièvre avec difficulté. Il décide alors de s'y rendre indéracinable en s'appuyant sur le Morvan plus que sur le Nivernais. Élection locale après élection locale, canton après canton, il s'emploie à tisser sa toile et à construire des réseaux d'obligés et d'amis, de Château-Chinon, dont il se fera élire maire en 1959, à Clamecy, et jusque dans les moindres bourgs du Morvan. Entré en politique dans la Nièvre en 1946 à droite, il s'y implante méthodiquement et s'y renforce par la gauche. On commence à l'adopter et à l'appeler « le François ».

Il n'y a pas de train pour sa circonscription très enclavée. C'est en voiture, une vieille Matford, puis des Traction avant Citroën, qu'il fait de longs trajets de nuit. Pas d'autoroute du Sud dans ces années 1940-1950 ! Il découvre Vézelay et sa basilique, qui deviendra un de ses lieux cardinaux, Bazoches, le château natal de Vauban, les paysages du Morvan, les écrivains morvandiaux ou nivernais comme Jules Renard, dont la netteté d'écriture le ravit.

Fièvres coloniales

Mais la jeune IVe République est de plus en plus prise par les fièvres coloniales qui l'ont saisie dès sa naissance, indochinoises puis maghrébines. En 1953, François Mitterrand publie *Aux frontières de l'Union française*, avec une préface de Mendès France. Il préconise l'abandon des colonies asiatiques pour permettre un engagement accru en Afrique. En mai, *L'Express* est fondé par Jean-Jacques Servan-Schreiber et Françoise Giroud.

Défense des intérêts républicains et nivernais : affiches de l'Union démocratique et de défense républicaine pour le Front républicain aux élections de 1956 (au centre et ci-dessous). François Mitterrand dira plus tard : « J'ai d'abord réalisé l'union de la gauche dans la Nièvre, au second tour des législatives de novembre 1958. »

Le nouvel hebdomadaire s'inspire des « news » américaines, son héros est Mendès, sa ligne l'anticolonialisme. La guerre d'Indochine entre la France et les communistes vietnamiens fait rage. Pour autant François Mitterrand ne perd pas de vue ses propres objectifs. Le gouvernement Pinay se montrant maladroitement répressif en Tunisie, cela permet de critiquer son ministre de la Défense, René Pleven... et de lui contester la présidence de l'UDSR. Peu après pourtant, il ne refuse pas d'entrer en mai 1953 dans le gouvernement Laniel – toujours la valse des gouvernements ! – modestement chargé du Conseil de l'Europe.

Le 20 août, le sultan du Maroc, le futur Mohammed V, qui incarne l'aspiration du Maroc à l'indépendance, est déporté par le résident général de France à Rabat, le général Guillaume, qui impose à sa place un fantoche, Ben Arafa. Cette décision des autorités militaires françaises locales non autorisée par Paris est, selon le mot du président de la République, Vincent Auriol, un « pronunciamiento ». Ce qui en dit long sur l'état de la République. François Mitterrand veut démissionner mais, à la demande insistante du président Auriol, il y renonce.

Pas pour longtemps, car après la crise marocaine, surgit la crise tunisienne. Georges Bidault, ministre des Affaires étrangères, nomme en Tunisie un résident général qui mène une politique brutale. Cette fois, François Mitterrand démissionne, ce qui frappe le microcosme de l'époque. En novembre, poussant ses pions, il souffle, sur une ligne de gauche, la présidence de l'UDSR, à René Pleven. Et quand le président Coty appelle finalement « PMF » (Pierre Mendès France), cinq semaines après la chute de Diên Biên Phû qui consacre la défaite militaire française en Indochine, et que celui-ci, dernier recours, est massivement investi le 13 juin 1954, François Mitterrand devient, à trente-sept ans, son ministre de l'Intérieur.

LE BLOC-NOTES DE FRANÇOIS MAURIAC

L'EXPRESS

• P.M.F. A L'ENTRACTE

• OU EN EST L'AFFAIRE ? par F. MITTERRAND

• LA CRISE MAROCAINE par S. Exc. SI BEKKAI

CETTE SEMAINE

KESTOS

À la une de *L'Express* le 16 octobre 1954 : « Pierre Mendès France à l'entracte » ; « Où en est "l'affaire" », par François Mitterrand ; « La crise marocaine », par Si Bekkaï.

Ministre de l'Intérieur de Mendès

Comme en 1947 aux Anciens Combattants, son autorité y est défiée. Cette fois, par Jean Baylot, préfet de police depuis dix ans, « intime, selon Lacouture, de tous les caciques de la République et d'abord des francs-maçons ». Soutenu par Pierre Mendès France, François Mitterrand révoque le préfet, malgré le président Coty. La lamentable affaire dite « des fuites » est montée en représailles par divers groupes de droite et d'extrême droite : il est accusé d'avoir communiqué au PCF les comptes rendus du Comité de défense nationale, avant même d'y avoir siégé ! Les vrais coupables des vraies fuites seront jugés au printemps de 1956.

Mais l'Algérie s'enflamme à son tour. François Mitterrand se dit inquiet. Avec Pierre Mendès France, ils annoncent vouloir mettre fin aux « scandales dont

« On retrouve souvent sous la IVe République une alliance objective entre gaullistes et communistes qui constituaient des groupes parlementaires importants et qui, en se rejoignant dans quelques batailles choisies, jouaient sur les contradictions de la IVe. [...] Ils pouvaient provoquer, tout en la dénonçant, cette instabilité chronique qui a fini par emporter le système. »

Mémoires interrompus [L'Assemblée nationale en 1956.]

François Mitterrand (à gauche, avec PMF en 1954) dira à propos de Pierre Mendès-France et de leur isolement dans la classe politique des années 1950 : « Nous étions alors très seuls. S'il en avait été besoin, cela aurait suffi à nous rapprocher. »

les Algériens souffrent depuis un siècle ». Et pour prévenir l'explosion, leur « appliquer les lois françaises », à commencer par « le statut de 1947 », vrai progrès pour les ressortissants algériens. C'est dans cet esprit, qu'après les attentats de la Toussaint 1954, la « Nuit rouge », début des « événements », en fait de la guerre d'Algérie, Pierre Mendès France proclame que « les départements d'Algérie font partie de la France » tout comme François Mitterrand déclare que « l'Algérie, c'est la France ». Propos reprochés au seul second par une partie de la gauche, alors qu'ils signifiaient : toutes les lois françaises, y compris l'égalité des droits, et donc les réformes, doivent s'appliquer en Algérie.

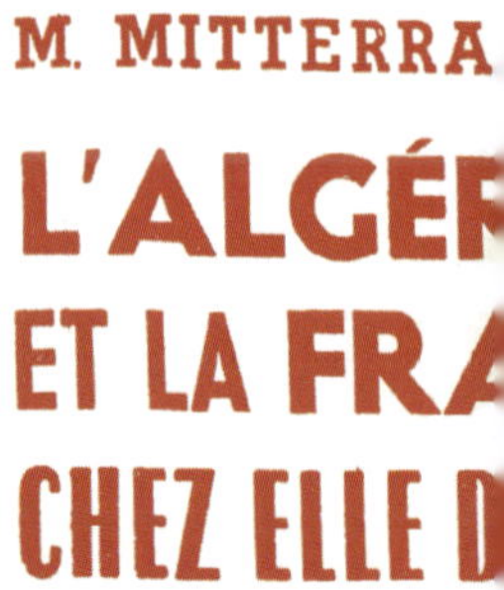

François Mitterrand dans ses fonctions ministérielles : ministre de l'Intérieur de PMF en voyage en Algérie en 1955 (ci-dessus) ; garde des Sceaux de Guy Mollet au mariage du prince Rainier de Monaco et de Grace Kelly, le 19 avril 1955 (à droite).

Et d'annoncer égalisation des salaires, droit de vote aux musulmans, réforme agraire et surtout fusion des polices. Mais déjà, le 5 février 1955, après sept mois, Pierre Mendès France est renversé par une coalition hétéroclite, vote de rejet par lequel la IVe République se condamne elle-même.

Ministre de la Justice

François Mitterrand refuse d'entrer dans le gouvernement Edgar Faure. Mais après la dissolution

L'ECHO D'ALGER
dans une déclaration radiodiffusée :
C'EST LA FRANCE
CE NE RECONNAITRA PAS
TRE AUTORITÉ QUE LA SIENNE

L'Écho d'Alger du 7-8 novembre reprend la déclaration du ministre de l'Intérieur : « L'Algérie, c'est la France » (ci-contre).

« Pas plus que PMF, je ne me suis rangé parmi les partisans de l'indépendance. Les circonstances politiques en France ne le permettaient pas. Il est plus facile aujourd'hui de prendre un parti tranché. »
Mémoires interrompus

de l'Assemblée par celui-ci, à la fin de 1955, et la victoire du Front républicain – qui regroupe les partis de gauche non communistes et de centre gauche, il accepte de devenir garde des Sceaux dans le gouvernement que préside Guy Mollet, et non Pierre Mendès France, que l'opinion attendait et qui n'est que ministre d'État. Gaston Defferre est ministre de la France d'Outre-Mer, Alain Savary secrétaire d'État aux Affaires marocaines et tunisiennes. Guy Mollet est prêt à des réformes sur l'Algérie, mais il tourne casaque après la manifestation algéroise populaire et hostile du 6 février, entraînant la démission de Mendès France, du gouvernement, le 23 mai.

Mais pas celle de François Mitterrand. Pourquoi ? Sans doute parce qu'il se sent près du but… et qu'il pense que le président de la République va devoir faire tôt ou tard appel à lui comme président du Conseil. Il avale des couleuvres de taille.

Quand l'armée de l'air française détourne l'avion marocain qui transporte le leader algérien Ben Bella, il dénonce ce « forfait », cette « piraterie », mais « ne voulant pas passer son temps à démissionner » il reste alors que Savary part. Il justifie même l'expédition franco-britannique de Suez, stoppée par les Américains, au nom du droit international. Mais surtout, le 17 mars 1956, il cosigne un décret sur la justice militaire en Algérie qui légitime un système d'état d'urgence et bien sûr aggrave la répression. Tout à la fin de son second septennat, il concédera,

parlant de ce décret : « J'ai commis au moins une faute dans ma vie, celle-là. » Il reconnaîtra même : « En 1956, je devais quitter le gouvernement de Guy Mollet avec Pierre Mendès France... » D'autant qu'après Guy Mollet, ce n'est pas lui mais Bourgès-Maunoury, partisan convaincu de l'Algérie française, qui est investi par l'Assemblée, le 26 mai 1957. Puis, en octobre, le brillant jeune radical Félix Gaillard.

À cette époque, François Mitterrand commence enfin à envisager pour l'Algérie une forme d'émancipation, mais pas encore l'indépendance, même s'il l'évoque devant des proches, comme Louis Mermaz.

À Alger, le général de Gaulle au balcon du gouvernement général. Ci-dessous, le 29 mai 1958, défilé contre son retour au pouvoir : PMF, Hernu, Dumas, Mitterrand.

La IVe République sombre

1958. L'Histoire s'emballe. La crise algérienne se mue en tragédie. Après coup, François Mitterrand pensera que si le président Coty ne l'a jamais « appelé » à former un gouvernement, c'est parce que, à la différence de Pierre Mendès France en 1954, il n'excluait pas d'accepter les votes communistes. L'investiture d'un homme capable, Pierre Pflimlin, le 13 mai, vient trop tard pour sauver le régime moribond. Le même jour, dans l'espoir d'empêcher « l'abandon » de l'Algérie, des groupes ou des milices ont proclamé à Alger un Comité de salut public et font appel à de Gaulle. Depuis deux ou trois mois, Pierre Mendès France, François Mitterrand et leurs amis n'écartent plus le retour de De Gaulle, mais comme arbitre. À partir du 13 mai, ils s'inquiètent de la réaction trop rapide – coordonnée ? – du général de Colombey aux factieux d'Alger. Après la conférence de presse du Général, le 19 mai, qui refuse de condamner le putsch, ils évoluent vers l'hostilité et plus encore le 25 mai, après la prise de la préfecture d'Ajaccio par les parachutistes d'Alger. Il y a encore la rude rencontre des chefs de parti avec de Gaulle le 31 mai, où il se distingue par sa fermeté. Finalement, le 1er juin au Parlement, François Mitterrand, comme Pierre Mendès France et deux cent trente autres députés, refuse de voter les pleins pouvoirs au général de Gaulle. On peut imaginer François Mitterrand rallié à de Gaulle – des hommes de gauche importants comme Guy Mollet l'ont fait à ce moment là –, et spéculer sur ce que cela aurait changé à la suite de l'Histoire.

Non à de Gaulle

Mais c'est non. Un non élaboré, argumenté, durci dans ces journées de la fin de mai, au fil de ces marches dans Paris qu'il affectionne, sur les bords

L'antagonisme entre le général de Gaulle et François Mitterrand était moins implacable qu'il ne le semble aujourd'hui. Leur première rencontre, à Alger, en 1943, « rude mais loyale », ne s'était pas si mal passée. De Gaulle ne l'avait-il pas nommé ensuite dans le « gouvernement » des secrétaires généraux en 1945 ? Et François Mitterrand a parlé souvent de lui – beaucoup plus tard il est vrai – dans des termes très élogieux. En 1987, parlant à Jean Daniel et à Jean Lacouture, il le comparera à Henri IV ou à Richelieu.

de la Seine et ailleurs. Un refus aux conséquences immenses. Un non républicain, bientôt de gauche, qui fera de lui un jour le premier président de gauche de la Ve République. Pressent-il à quel point la route sera longue ? À des amis proches, il déclare : « Nous en avons au moins pour dix ans. » Avec d'autres, il évoque vingt ans. Ce sera vingt-trois ans. A-t-il déjà en filigrane une stratégie ? Sans aucun doute, même si elle n'est pas arrêtée dans le détail. Il aurait dit alors : « Après, je ferai trois choses : je ramènerai les communistes à 10 % [alors qu'ils sont encore à 20, 25 %], j'accrocherai une casserole à la droite et je gouvernerai au centre. » Déjà pendant la guerre, il avait dit à Philippe Dechartre : « Au moment du pouvoir, nous aurons besoin des communistes. » « Nous » ? C'est à lui qu'il pensait. Mais elle va être longue, cette fameuse traversée du désert, alors que s'implante une Ve République faite pour durer, avec l'adoption de la nouvelle Constitution en 1958.

Battu dans la Nièvre

D'abord, aux législatives de novembre 1958, François Mitterrand est battu dans la Nièvre, comme Pierre Mendès France l'est dans l'Eure. Il rebondit vite en se faisant élire conseiller municipal, puis maire de Château-Chinon trois mois et demi plus tard, où il expérimente sans tarder l'union de la gauche,

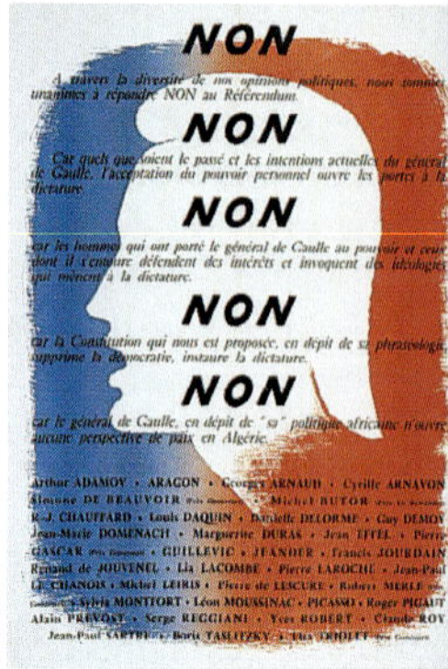

Le vote de François Mitterrand contre la Constitution de 1958 (ci-dessus, affiche pour le non) découle de sa condamnation de de Gaulle, le 1er juin devant l'Assemblée : « En 1944, il avait à ses côtés deux compagnons, l'honneur et la patrie. Ses compagnons d'aujourd'hui [...] s'appellent le coup de force et la sédition. » En 1995, dans ses *Mémoires interrompus*, le président s'interrogera : « Me trompais-je ? De Gaulle avait une telle envergure que j'ai eu tort et raison à la fois. »

puis conseiller général du canton de Montsauche, et enfin sénateur de la Nièvre le 26 avril. Il manque de sombrer dans le vrai piège du faux attentat de l'Observatoire du 15 octobre 1959, qui lui est tendu pour le disqualifier. Il touche alors le fond de la solitude politique et humaine, bien que Pierre Mendès France, comme Mauriac, le soutienne. Mais la gauche nouvelle qui tente de s'organiser, hors de la vieille machine socialiste, la SFIO, en se référant à Pierre Mendès France, la future deuxième gauche, le tient en lisière sous divers prétextes, Vichy, francisque, orgueil, ambition, etc.

Il s'accroche et tient bon. Ce n'est plus l'impatient et fringant ministre de la IVe, l'ambitieux pressé. Son opiniâtreté, son travail de terrain paient. Aux élections législatives de novembre 1962, il retrouve son siège de député de la Nièvre. Le pire est derrière lui.

Il sera candidat

Un événement considérable vient d'avoir lieu : l'attentat manqué commis le 22 août au Petit-Clamart contre de Gaulle permet à ce dernier de faire adopter par référendum, le 22 octobre, l'élection du président de la République au suffrage universel, qui modifie en profondeur la Constitution de 1958. Même si François Mitterrand vote contre, comme Pierre Mendès France, il ne croit pas, contrairement à ce dernier, que ce régime « né dans la rue, finira dans la rue ». Il ne peut pas ne pas avoir saisi instantanément qu'il dispose désormais du levier institutionnel qui lui faisait défaut pour conquérir le pouvoir et va ordonner sa stratégie à venir. « Depuis 1962 [...] j'ai su que je serais candidat. Quand ? Comment ? Je ne pouvais pas le prévoir », dira-t-il dans *Ma part de vérité*.

François Mitterrand combat le référendum de 1962, « illégal » et « plébiscitaire », et voit dans l'élection du président au suffrage universel une « présidentialisation » du régime (à gauche, en bas, affiche pour le non au « pouvoir absolu » ; ci-dessous, affiche de soutien au oui et à de Gaulle).

Mais, interviewé à quelques jours du scrutin, il déclare aussi : « Je ne dis pas qu'il ne faille pas tirer de la Constitution ce qu'elle peut avoir de bon, et notamment le fait d'avoir à la tête de l'État un homme qui dispose d'une certaine stabilité et de grands pouvoirs. »

Auparavant, il soutient encore loyalement, en 1963-1964, les efforts de Gaston Defferre pour être désigné par une coalition gauche-centre. Mais sans doute en pressent-il l'échec, qui survient en juin 1964. Il publie aussi contre la Vᵉ République son réquisitoire le plus brillant et le plus excessif – son meilleur livre selon lui – *Le Coup d'État permanent*, dans lequel il n'est pas loin de comparer la Vᵉ République à une dictature. Il regroupe quelques amis sûrs dans une Convention des institutions républicaines (CIR), qui sera un précieux instrument et, en juillet 1965, lance un premier appel pour une « Fédération démocratique et socialiste » qui regrouperait tous les partis de gauche, sans exclusivité.

À l'été de 1965, Gaston Defferre est hors jeu, Pierre Mendès France ne veut pas se présenter à la présidentielle mais encourage Mitterrand à le faire. Guy Mollet aurait préféré Antoine Pinay, mais ne s'oppose pas à lui. Les communistes ne lui sont pas hostiles, Maurice Faure n'est pas vraiment motivé. Daniel Mayer s'incline. Antoine Pinay craint d'être éliminé au premier tour. François Mitterrand les convainc ou les bouscule, déclare qu'il sera candidat le 5 décembre 1965, et crée dans la foulée la Fédération de la gauche démocrate et socialiste (FGDS) dont il a besoin.

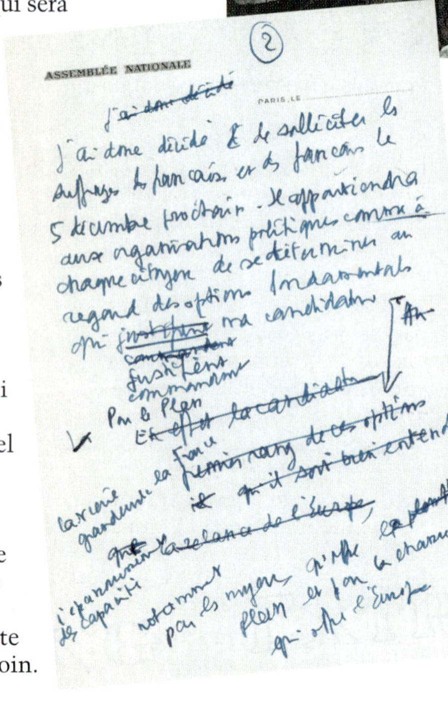
(2)
ASSEMBLÉE NATIONALE
PARIS, LE
J'ai donc décidé de solliciter les suffrages des Français et des Françaises le 5 décembre prochain. Il appartiendra aux organisations politiques comme à chaque citoyen de se déterminer au regard des options fondamentales qui ma candidature

Affiche (à gauche), meeting (ci-contre), tableau des résultats du second tour (ci-dessous) : éléments de la campagne du candidat de la gauche en 1965, dont on peut lire (en bas et à gauche) le brouillon de sa déclaration de candidature : « J'ai donc décidé de solliciter le suffrage des Françaises et des Français. Il appartiendra aux organisations politiques comme à chaque citoyen de se déterminer au regard des options fondamentales qui justifient ma candidature. »

« Je ne pensais pas qu'il y aurait ballottage, d'ailleurs personne à l'époque ne l'imaginait. Mais si jamais il y avait un second tour, je pensais bien en être. Il m'a fallu pour cela franchir un incroyable marathon d'obstacles. L'obstacle Mollet, l'obstacle Pinay, l'obstacle d'un PSU en rage. »
Mémoires interrompus

François Mitterrand candidat unique de la gauche

Stupéfaction : au premier tour, de Gaulle est mis en ballottage, avec moins de 45 % des suffrages. François Mitterrand atteint plus de 32 % et Jean Lecanuet le candidat des centristes près de 16 %. Au second tour, le 19 décembre, de Gaulle est élu avec 55,20 % des voix exprimées contre 44,80 % à François Mitterrand. 10 300 000 voix pour ce dernier, « 100 000 voix par jour » selon l'écrivain Claude Manceron, chroniqueur enthousiaste de cette première campagne présidentielle. Le candidat de la gauche, longtemps solitaire de la politique, vient de rencontrer le peuple français. Il est désormais le leader de la gauche, et pour beaucoup, le « contre-président ». Il suscite des passions grandissantes, et contraires. Une légende commence.

Le candidat unique de la gauche de 1965 va mettre encore seize ans avant d'entrer à l'Élysée. Il suit imperturbablement sa stratégie : l'union de la gauche, qu'il maintient contre vents et marées, ouragans politiques et obstacles de toutes sortes. Il associe obstination et souplesse tactique infinie. Il fait vibrer la gauche, inquiète ou séduit les Français.

CHAPITRE 3

LA LONGUE MARCHE DU LEADER DE LA GAUCHE

Cette affiche de 1972 est l'une des premières où apparaît « la « rose au poing », le nouvel emblème des socialistes français après les « trois flèches » de la SFIO. Et Mikis Theodorakis écrira pour le nouveau Parti socialiste un hymne conquérant. Prise en 1977, cette photo de François Mitterrand servira de base à la campagne : « Le socialisme, une idée qui fait son chemin ».

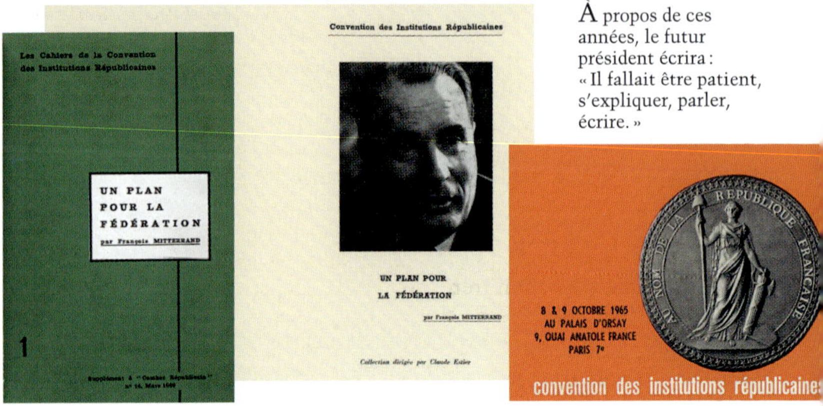

À propos de ces années, le futur président écrira : « Il fallait être patient, s'expliquer, parler, écrire. »

Ici, des publications éditées par la Convention des institutions républicaines, dont « Un plan pour la Fédération » par François Mitterrand. Cette Fédération, née dans l'élan de la campagne de 1965 et outil encore faible et disparate.

Le temps de l'obstination

Après la présidentielle de 1965, les échéances suivantes sont les législatives en 1967 et, en principe, la présidentielle en 1972. Pendant deux ans, François Mitterrand marque des points, mais ensuite plus rien ne se passe comme espéré.

Pour la gauche, deux stratégies sont possibles. Celle de l'alliance de la gauche non communiste et du centre, que Gaston Defferre a vainement tentée en 1965. Et celle que François Mitterrand mûrit depuis quelques années pour sortir de l'impasse politique qui veut qu'il soit « impossible d'arriver au pouvoir sans les communistes, et impossible avec eux » : oser au contraire l'union de toute la gauche, y compris le PCF, avec accord électoral, et même programme commun, ce qui exclut toute alliance au centre. La présence à la tête du PCF du pragmatique Waldeck Rochet, qu'il a connu à Londres, l'y encourage.

Mais cette stratégie se heurte dans une partie de la gauche à des résistances anticommunistes farouches comme à de véhémentes oppositions politiques, syndicales, idéologiques, intellectuelles, médiatiques et personnelles qui ne disparaîtront jamais complètement. Alors même qu'aux yeux de la droite, François Mitterrand devient la principale menace et cible, parce que lui seul incarne la possibilité de l'alternance !

« À peine sorti de l'élection présidentielle, je m'étais rendu compte que les difficultés commençaient. La Fédération [de la gauche] n'avait pas trois mois d'existence qu'on la sommait de résoudre les problèmes sur lesquels avaient achoppé deux générations, tandis que deux des trois groupes qui la composaient n'aspiraient qu'à respirer au vert. »

Ma part de vérité

Un petit groupe

Mais son choix est fait. Il sait pouvoir compter sur le petit groupe d'amis sûrs réuni, dans quelques mètres carrés, 25, rue du Louvre, lors de la campagne de 1965 pour l'essentiel, celui de la « Convention » : Georges Dayan, l'ami intime depuis un quart de siècle, Roland Dumas, Louis Mermaz, Charles Hernu, André Rousselet, Georges Beauchamp, Claude Estier, Marc Paillet, Georges Fillioud, Paul Legatte, son frère Robert Mitterrand, Pierre et Laurence Soudet, Louis Périllier, Yves Cazeaux, Marie-Thérèse Eyquem, les jeunes Pierre Joxe et Édith Cresson. C'est peu ! Mais il dit souvent qu'il suffit de cent hommes décidés. Et d'ailleurs il dispose d'autres réseaux, de bien des fidélités, patiemment construits au fil de sa vie. François Mitterrand commence par créer, sur le modèle de l'opposition britannique, un « contre-gouvernement ». Mais celui-ci qui compte trop de politiciens dépassés, ne convainc pas. Une bataille s'engage pour le contrôle de la nouvelle FGDS, entre Mollet, qui n'a pas renoncé, Billières (pour les radicaux) et lui.

François Mitterrand prend l'habitude d'inviter à Latche, sa maison des Landes acquise en 1965, outre ses intimes et ses proches, des compagnons politiques, des élus, des journalistes, sans mélanger, déjà, les divers cercles (ci-dessous, avec Georges Dayan et Claude Estier en 1967). À Latche, il lit et travaille et reçoit beaucoup, mais chaque jour ou presque, il visite aussi ses chênes, son arbre préféré avec le saule. Il affirme qu'ils changent à vue d'œil.

En avril 1966, premier obstacle sur sa nouvelle route, se tiennent à Grenoble, sous l'égide de Mendès France et autour du Parti socialiste unifié (PSU) de Michel Rocard, des assises qui rassemblent *de facto* tous ceux qui n'aiment ni François Mitterrand, ni sa stratégie.

M. Roland Dumas, a. d., conv.-féd. .... ELU

M. François Mitterrand, ...

M. Georges Fillioud, conv.-féd. .... ELU

Les élections de 1967

Il parvient néanmoins, le 20 décembre 1966, à conclure un accord électoral avec le PCF qui prévoit le « désistement du candidat le mieux placé pour l'emporter », auquel même le PSU est obligé de s'associer. Ce qui aurait amené de Gaulle, se confiant à Peyrefitte, à envisager en cas de victoire de la gauche une cohabitation musclée... Finalement, au second tour des législatives de 1967, la majorité sortante, avec seulement 42,6 % des suffrages contre 46 % à la gauche, conserve grâce à un découpage habile des circonscriptions un député de plus. Même si Pompidou demeure Premier ministre, si son ascendant sur la droite croît, la validité politique de la stratégie mitterrandienne est confirmée. Plusieurs de ses proches sont élus.

Mais la FGDS montre vite ses limites. Malgré sa préférence pour les démarches solitaires et les petits groupes,

François Mitterrand est maintenant convaincu qu'il lui faut rassembler toute la gauche non communiste dans un seul et grand parti, ce qui imposera tôt ou tard de prendre le contrôle de la SFIO. Et qu'il lui faut préparer une alliance de gouvernement avec les communistes. Première étape, dès le 24 février 1968, il réussit à conclure avec eux une plate-forme commune.

Aux élections de 1967, plusieurs membres de la CIR sont élus (en haut, à gauche) : Roland Dumas et Georges Fillioud ; François Mitterrand (ici, en campagne dans sa ville) est réélu à Château-Chinon. Entre les deux tours, la FGDS et le PCF se rencontrent pour s'accorder sur les désistements (à gauche), le 15 juin 1967 : debout, Georges Marchais et Guy Mollet ; assis, François Mitterrand et Waldeck Rochet. Mitterrand dira de ce dernier : « Il a été le premier responsable communiste sincèrement acquis à la déstalinisation. »

L'ouragan de 1968

C'est alors que survient la tempête de Mai 68 qui manque de le désarçonner et, comme au jeu de l'oie, le fait reculer de plusieurs cases. Les insurgés libertaires de ce printemps ne s'encombrent pas de faits ni de nuances envers les « politiciens du passé ». À lui, ils reprochent la guerre d'Algérie, l'électoralisme, l'alliance avec les « staliniens ». Lui ne voit dans leurs slogans que « salmigondis » qui ne pourra que faire le jeu de la droite.

Au fond tout l'insupporte dans cette fièvre. Au cœur de la crise, après l'échec de l'annonce par de Gaulle, le 24 mai, d'un référendum, il se déclare, le 28, candidat au cas où… en annonçant qu'il prendra Pierre Mendès France comme Premier ministre. Ce n'est pas illégal : la vacance du pouvoir est manifeste, avant le retournement du 30 mai, et il est le leader de l'opposition. Mais Pompidou qui, un an avant, a failli perdre les élections, sent la faille, « la faute irrattrapable », et s'engouffre : il réussit à faire présenter par les médias publics, alors dominants, cette démarche, démocratiquement justifiable, comme de l'aventurisme. Le 30 juin, François Mitterrand résiste au raz de marée électoral de droite, dans son fief du Morvan, mais pas ses amis fraîchement élus l'année précédente, qui sont tous balayés.

Pas abattu, toujours obstiné, il remet son œuvre sur le métier. Le 7 novembre, il démissionne de la FGDS devenue inutile, et appelle à la création d'un nouveau Parti socialiste.

En France depuis le 3 mai 1968, il n'y a plus d'Etat et ce qui en tient lieu ne dispose même plus des apparences du Pouvoir. Les français savent que le gouvernement actuel n'est pas capable de résoudre la ~~terrible~~ crise, qu'il a provoquée. Se déclare

“En France depuis le 3 mai 1968, il n'y a plus d'État et ce qui en tient lieu ne dispose même plus des apparences du Pouvoir. Les Français savent que le gouvernement actuel n'est pas capable de résoudre la crise de défiance qu'il a provoquée.”

Conférence de presse du 28 mai 1968

Pompidou président

Battu au référendum d'avril 1969, de Gaulle se retire. François Mitterrand ne se déclare pas candidat à l'élection présidentielle qui s'ensuit. C'est trop tôt. Le handicap de 1968 n'est pas encore remonté et il ne dispose toujours pas du grand parti dont il est convaincu désormais d'avoir besoin. Gaston Defferre et Pierre Mendès France, qui se présentent « ensemble », ne rassemblent que 5,10 % des voix contre 21,27 % à Jacques Duclos pour les communistes. Pompidou est facilement élu face au président du Sénat, Alain Poher, pour sept ans en principe, donc jusqu'en 1976. Et c'est Alain Savary qui devient en juillet 1970 premier secrétaire du Parti socialiste, qui succède à la SFIO.

Tout serait donc à recommencer ? Non. François Mitterrand a déjà rebondi en 1969 avec un livre très remarqué d'entretiens avec Alain Duhamel *Ma part de vérité*, au ton très personnel, qui fait parler d'un « nouveau Mitterrand ». Il y fait une « confession de socialisme » et acquiert avec ce livre « une nouvelle densité » politique. Il applique sans relâche son principe : s'expliquer, parler, convaincre. La politique, dira-t-il un jour à Élisabeth Guigou, paraphrasant Briand, c'est « dire des choses à des gens ».

En novembre François Mitterrand dit vouloir entrer au Parti socialiste. Cela ne peut être bien sûr que pour le diriger...

Le 15 mai 1968, au Palais-Bourbon (à gauche) : dépôt d'une motion de censure sur la crise de l'Université par l'opposition. Au cours du débat, François Mitterrand veut aller vers le Premier ministre ; ses amis le retiennent.

Juin 1969. Georges Pompidou, deuxième président de la Ve République, et Jacques Chaban-Delmas, son Premier ministre, arrivent à l'Élysée (ci-dessous). Ce dernier veut promouvoir une « nouvelle société, plus juste et plus humaine ».

Épinay

De sa droite à sa gauche, le Parti socialiste est divisé en cinq ou six tendances historiques et idéologiques, à quoi s'ajoutent des conflits de personnes. Tissant sa toile avec huit ou neuf fidèles seulement, François Mitterrand bâtit une alliance paradoxale entre la droite du parti, Defferre et Mauroy, acquis à son projet – 25 % des mandats – et la gauche, le CERES de Jean-Pierre Chevènement et le courant de Jean Poperen, en utilisant leurs griefs contradictoires contre la direction du parti et en y ajoutant sa Convention des institutions républicaines. Le centre, Savary et Mollet, est ainsi pris en sandwich. On ne peut pas être plus estimable qu'Alain Savary, mais face à François Mitterrand il ne fait pas le poids. Cette manœuvre permet à François Mitterrand de réussir son OPA au congrès d'Épinay les 11, 12 et 13 juin et d'être élu, le 16, premier secrétaire du Parti socialiste.

Avant Épinay, François Mitterrand (ici, à la tribune pendant son discours) n'est pas membre du nouveau Parti socialiste. Le lendemain, il en est premier secrétaire.

Peut-on dire que, au-delà d'un besoin de disposer d'une organisation de masse, il est devenu « socialiste » ? Plusieurs épisodes de sa vie, ou facettes de sa personnalité le rattachent à la gauche, ou l'y ont favorablement préparé malgré son imprégnation initiale de droite : le catholicisme social de sa famille maternelle, le choc de la captivité, la fréquentation de communistes durant celle-ci et dans la Résistance, la famille Gouze, un peu l'UDSR, la France d'Outre-Mer, le gouvernement Mendès, le non à de Gaulle, le rejet des classes dirigeantes. Ce qui l'en éloigne ? Le goût de sa liberté, l'« allergie au charabia », son autorité naturelle et sa froideur, que l'on dira plus tard « monarchiques ». Certains parlent de mûrissement, d'autres de véritable conversion. En tout cas, il est en voie de rassembler tous les socialistes et il va vivre sa décennie la plus socialiste. Le 15 septembre, il entame un bloc-notes magnifiquement écrit dans *L'Unité*, l'hebdomadaire des socialistes, qui paraîtra en 1975 sous le titre *La Paille et le Grain* pour la période 1971-1974, et en 1978 sous le titre *L'Abeille et l'Architecte* pour la période 1975-1978.

À partir de 1971, François Mitterrand fait du Parti socialiste (encore installé à l'époque dans le vieux siège de la cité Malesherbes, avant de gagner la place du Palais-Bourbon, puis la rue de Solferino) une invincible machine à rassembler tous les électeurs de gauche et à conquérir le pouvoir, comme il l'a martelé à Épinay : « Qu'allons-nous faire de l'unité ? Maintenant que notre parti existe, je voudrais que sa mission soit d'abord de conquérir [...]. Je suis pour la vocation majoritaire de ce parti. Je souhaite que ce parti prenne le pouvoir. [...] Il faut passer par la conquête du pouvoir. La vocation groupusculaire n'est pas la mienne. »

Le Premier secrétaire

Le prochain cap ce sont les législatives de 1973. Le nouveau premier secrétaire installe ses équipes. Infatigable dénicheur de talents et éveilleur d'ambitions, il recrute tous azimuts intellectuels, économistes, énarques et autres pour les circonscriptions, pour le parti, pour l'avenir. Il arpente inlassablement la France, celle des villes, celle des chefs-lieux de canton et des campagnes, et même celle des banlieues, comme il va le faire pendant des années, semant comme un laboureur, nouant des liens comme un tisserand, motivant les militants, s'adressant à d'innombrables groupes. Il élargit les limites de sa circonscription à la France tout entière.

Il fait préparer par Jean-Pierre Chevènement, non sans tensions, le programme « Changer la vie », qui est adopté à Suresnes en 1972 et devient, avec le poing et la rose, l'emblème de ces années d'espérance pour la gauche, d'inquiétude pour les autres. Il publie *Un socialisme du possible*. Il voyage et noue des relations étroites, bientôt amicales, avec tous les leaders de l'Internationale socialiste : le Chilien Allende, l'Allemand Brandt, le Portugais Soares, l'Espagnol González, le Suédois Palme, l'Italien Craxi, le Grec Papandréou, Kreisky, Golda Meir, Rabin, Peres, Joumblatt, et bien d'autres. Il évite un croc-en-jambe de Pompidou – qui alors s'attend à devoir l'affronter à la présidentielle de 1976 – en prônant l'abstention au référendum sur l'entrée de la Grande-Bretagne dans le Marché commun, fait pour diviser la gauche : le oui n'obtient que 36 %.

Le temps de l'Internationale socialiste : avec Willy Brandt, leader du SPD, à Latche en juin 1980. François Mitterrand refera avec lui le parcours de son évasion en Allemagne de l'Est. L'Europe du Sud et de gauche à Paris en mai 1981 : le Portugais Mario Soares, François Mitterrand, l'Italien Bettino Craxi, et l'Espagnol Felipe González.

Le Programme commun

Mais sa stratégie, risque calculé, passe par un « Programme commun de gouvernement » avec le Parti communiste. L'accord entre le PS, le PCF et les radicaux de gauche se fait le 27 juin 1972. À cette époque, le Parti communiste, c'est tout de même 20 % des électeurs, plus la CGT, sans oublier les liens avec Moscou ; ce qui déchaîne contre lui des attaques des anticommunistes et des antisoviétiques de droite et de gauche. Mais François Mitterrand défend aussi les Juifs d'URSS...

Aux élections de mars 1973, le PS et ses alliés non communistes atteignent 20,8 % des voix, le PCF, 21,4 %. La marée de la gauche non communiste monte. Alain Savary rejoint la majorité du parti. Les journalistes se (ré)intéressent à François Mitterrand en parlant moins de son charme, déjà de son charisme et plus de son autorité « présidentielle ». Il se prépare, travaille, recrute encore, crée un « groupe des experts » où il attire communistes ralliés, ex-gauchistes et trotskistes, idéalistes de toutes les gauches, ambitieux de tout poil, jeunes énarques, intellectuels.

Pour Étienne Fageon, vieux communiste de type stalinien, « L'union est un combat » que le PCF doit remporter. Ce dernier veut « emprisonner » le PS dans un programme maximaliste. À l'inverse, François Mitterrand, qui a fait adopter par le PS l'emblème de la rose au poing (à gauche), déclare en 1972, lors d'une réunion de l'Internationale socialiste à Vienne : « Notre objectif est de refaire un grand Parti socialiste sur le terrain occupé par le PC. » Ci-dessus, chantant *L'Internationale* lors d'un meeting de l'Union de la gauche en décembre 1972, on reconnaît Pierre Joxe, Jacques Duclos, Robert Fabre, Georges Marchais et François Mitterrand.

Georges Pompidou meurt le 2 avril 1974

Dans un beau texte sur cet adversaire de dix ans, François Mitterrand écrit « peut-être était-il plus grand qu'il ne fut ». Il est prêt. Il est évidemment candidat. Dans les meetings, orateur puissant, percutant, il fait revivre Jaurès et Blum, enflamme les foules comme personne, les fait rêver et incarne tous les espoirs de la gauche, tandis qu'à la tour Montparnasse s'activent de nombreux collaborateurs et experts, dont Jacques Attali. Le 19 mai 1974, il rassemble treize millions de voix, mais c'est son adversaire Valéry Giscard d'Estaing, qui, après avoir mené une campagne météorique, est élu avec 50,81 % des voix.

François Mitterrand, qui a alors cinquante-huit ans, accuse le coup. Il y a longtemps qu'il pense que la gauche ne peut parvenir au pouvoir que par la présidentielle. Et là... Aux journaux qui écrivent le lendemain « le destin ne l'aime pas », il réplique dans son bloc-notes : « que savent-ils de mon destin ? [...]. Notre peuple a autre chose à faire que s'attarder. Moi aussi ». Il se sentait prêt, en « harmonie avec [lui]-même, de plain-pied avec l'Histoire ». Le moment n'était pas encore venu. Mais ce qui a commencé ne s'arrêtera plus.

Rue de Bièvre en 1979, François Mitterrand avec Georges Dayan, Paul Quilès et Laurent Fabius.

Un septennat d'opposition

Après cette déception, toujours opiniâtre, François Mitterrand reprend quand même son travail de bénédictin. En ligne de mire : l'élection présidentielle de 1981. Deux événements très importants pour lui encadrent cette période, l'un heureux, l'autre très triste : la naissance à Avignon de Mazarine, fille d'Anne Pingeot, le 18 décembre 1974 ; et la mort de Georges

Au premier tour de la présidentielle, le 5 mai 1974, François Mitterrand n'a que 43,60 % – deux points de moins qu'espéré – et Valéry Giscard d'Estaing, 32,60 %. Le 10 mai 1974, ce dernier prend le dessus dans le face-à-face télévisé (ci-contre) en décochant « vous n'avez pas le monopole du cœur » à François Mitterrand qui défend « la France qui travaille ».

Le projet présidentiel du candidat Mitterrand en 1974 est très éloigné du Programme commun. D'où l'insistance des communistes dans leurs affiches : Mitterrand est le candidat « commun » de la gauche pour l'application du « Programme commun » (ci-dessus).

Dayan, son ami le plus proche, le 28 mai 1979, terrible épreuve, manque irremplaçable.

Les étapes politiques se suivent, nombreuses : Assises du socialisme en octobre 1974, rassemblement de tous les socialistes du fait de l'entrée des anciens PSU, mais aussi début du conflit Mitterrand-Rocard ; congrès du Parti socialiste à Pau en janvier 1975, où François Mitterrand confirme son emprise et sa politique ; élections cantonales de 1978, où la gauche progresse ; élections municipales de 1977, où elle atteint 52 % des voix, et le PS à lui seul 30 % ; congrès de Nantes la même année, où Michel Rocard oppose entre elles les deux cultures du socialisme, l'étatiste et l'autre ; rupture spectaculaire, le 23 septembre 1977, de la négociation sur l'actualisation du Programme commun, en réalité sur l'ampleur des nationalisations, du fait des surenchères communistes ; ralliement par étapes des socialistes à la dissuasion nucléaire ; législatives de 1978, où la majorité sortante l'emporte de nouveau.

FRANÇOIS
MITTERRAND
Ma part
de
vérité
de la rupture
à l'unité
EN TOUTE LIBERTE
FAYARD
FRANÇOIS MITTERRAND
Un
socialisme
du possible

À Souillac en 1977, autour de François Mitterrand, une équipe pour gagner. On reconnaît en particulier (de gauche à droite) : Dominique Taddéi, Gilles Martinet, André Laignel, Georges Dayan, Yvette Roudy, François Mitterrand, Jean Poperen, Claude Estier, Pierre Bérégovoy, Michel Rocard, Pierre Mauroy.

Après cinq premiers ouvrages de 1945 à 1964, François Mitterrand n'a cessé d'écrire jusqu'à son élection. Ses livres sont autant d'armes dans son combat. En haut, de gauche à droite : *Ma part de vérité* (1969), *Un socialisme du possible* (1971), *La Rose au poing* (1973), *La Paille et le Grain* (1975), *L'Abeille et l'Architecte* (1978), *Ici et Maintenant* (1980).

Sur le plateau du Larzac, pendant l'été de 1974, François Mitterrand « flirte » avec les jeunes qui contestent le projet de camp militaire (qu'il annulera en 1981). Des maoïstes le prennent à partie.

Le congrès de Metz

Au congrès de Metz, les 6, 7 et 8 avril 1979, la deuxième gauche, s'appuyant sur la déception électorale de 1978, conteste la stratégie de François Mitterrand et son « archaïsme ». L'offensive échoue, les socialistes sentant la victoire possible avec Mitterrand. Metz, c'est le congrès de « la rupture avec le capitalisme ». Paris vaut bien une messe et, pour Mitterrand, Henri IV a été un des grands hommes de l'histoire de France... À Metz, Lionel Jospin devient numéro 2 du parti. « Toute la suite, dira François Mitterrand en 1995, la victoire de 1981, puis celle de 1988, a dépendu des décisions prises à Metz. » Face au PCF qui s'est raidi, et pour le piéger, le PS est « unitaire pour deux ». En août 1980, dans *Ici et Maintenant*, entretiens avec le journaliste Guy Claisse, il résume ses positions. Il y a ensuite ses 101 propositions de candidat. Tout est prêt pour l'élection de 1981.

Depuis 1977, les communistes ont essayé d'arrêter en marche le train mitterrandien. Trop tard. Même s'il n'y a plus, de leur fait, de Programme commun, même s'ils redoutent maintenant la victoire de leur trop redoutable allié, ils ne peuvent plus prendre le risque de dénoncer l'accord électoral auquel leur base tient, ni refuser d'aller au gouvernement si le candidat de la gauche est élu.

« Rocard avait eu raison de le dire au congrès de Nantes, il existait deux cultures de gauche. Je croyais, j'espérais la synthèse possible. Malheureusement, j'ai dû me rendre à l'évidence qu'il s'agissait surtout d'une lutte de pouvoir. Cette lutte s'est traduite en termes stratégiques parce que cela paraît plus sérieux et que la gauche adore cela. Le congrès de Metz, en 1979, en a fourni l'illustration. »
Mémoires interrompus

Dans cette France des années 1970, si Valéry Giscard d'Estaing préside, réforme, séduit, il déçoit aussi. La marche au pouvoir de François Mitterrand paraît inéluctable. Son autorité s'étend de plus en plus, au-delà même du Parti socialiste, à toute la gauche, et au-delà. Il soulève et entraîne les électeurs. Proche et lointain à la fois, il aimante le paysage politique.

Vents contraires

Pourtant, pendant ces années, sa stratégie d'union de la gauche avec les communistes paraît à plusieurs reprises compromise par les événements internationaux. La révolution gauchiste dite « des Œillets » au Portugal, les menées du régime soviétique contre Soljenitsyne, l'invasion de l'Afghanistan, tout est porté au débit de sa stratégie d'union de la gauche avec les communistes dans l'espoir d'entraver sa marche.

Au congrès de Metz (ci-dessous), François Mitterrand avec Louis Mermaz, Pierre Mauroy, Michel Rocard, Claude Estier. Au comité directeur du Parti socialiste qui suit le congrès de Metz (ci-dessus), le Premier secrétaire avec Chevènement, Guidoni, Sarre, Fabius, Delors, Mexandeau, Laignel, Jospin.

François Mitterrand esquive, concède, corrige, se distingue, argumente, se moque, réaffirme ses propres positions, par exemple sur l'équilibre des forces en Europe à rétablir face aux missiles soviétiques, mais ne cède pas.

Ce vaste mouvement intellectuel vers l'anticommunisme et l'antimarxisme au moment même où la gauche se rapproche enfin du pouvoir souligne l'originalité de la situation politique de la France, dont l'intelligentsia a été plus marxiste qu'ailleurs, et donc en rajoute en sens inverse. Ainsi du mouvement très divers, dit des « nouveaux philosophes » qui, de Bernard-Henri Lévy à André Glucksmann, pourfend alors les complaisances, réelles ou imaginaires, envers les totalitarismes.

Même si l'Union de la gauche avec le PCF inquiète, la stratégie de François Mitterrand et sa longue patience se sont imposées. Après vingt-trois ans, le désir d'alternance habilement attisé, capté et canalisé par le leader de la gauche, l'espoir de « Changer la vie » est trop fort. Valéry Giscard d'Estaing n'arrive pas à le désamorcer.

Sur l'affiche de « La force tranquille » (à gauche), conçue par le publiciste Jacques Séguéla, l'église de Sermanges, dans la Nièvre, a remplacé le pylône à haute tension de 1965.

De meeting en meeting où son verbe tient les foules en haleine (ci-dessus, à Toulouse le 8 mai 1981, dernier jour de la campagne), de province en province, d'émission en émission – le « Cartes sur table » du 16 mars est décisif –, l'ascendant de François Mitterrand sur les autres candidats et sur les électeurs croît.

Le 10 mai 1981

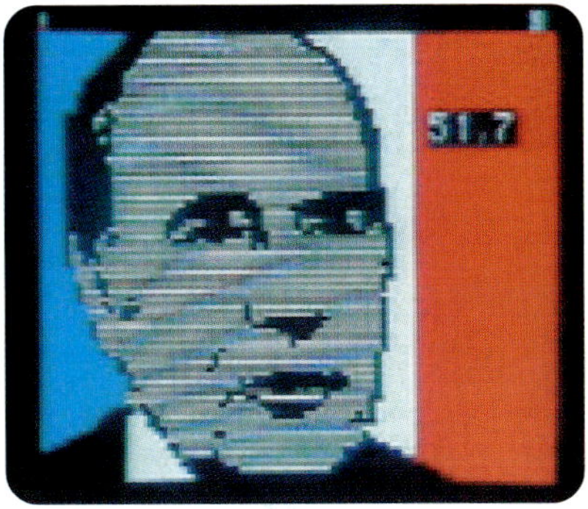

Le 10 mai 1981, après une campagne placée sous le signe de la « force tranquille », François Mitterrand est élu à soixante-quatre ans président de la République, le quatrième de la Ve République, et le premier de gauche, avec 51,76 % des voix. Son ambition de toujours est légitimée par l'élection.

Sa victoire provoque un choc gigantesque : traumatisme pour les vaincus, immense espérance chez les vainqueurs. Dans le monde, inquiétude et attentisme. « Il faut songer, dira-t-il quatre ans plus tard à Marguerite Duras, que depuis la première Révolution française, celle de 1789, la gauche n'a été au pouvoir que quatre fois : en 1848 quatre mois, en 1870 deux mois, et à Paris, seulement, en 1936 un an et en 1981. [Il omet Henriot en 1925, la Libération avec ses cinq ministres communistes et Mendès France en 1954, mais cela n'infirme pas sa remarque...] Donc on peut dire que depuis 1789, le premier gouvernement de la gauche qui ait gouverné durablement, c'est le nôtre. La première fois en deux cents ans. »

Le 10 mai 1981 à 20 heures précises, le visage du vainqueur apparaît, ligne par ligne, sur les écrans de télévision. Quelques instants après, sous les acclamations, François Mitterrand sort de l'hôtel du Vieux Morvan, où il attendait les résultats (ci-contre). Il va, à la mairie de Château-Chinon, faire sa première déclaration publique de président : « Au-delà des luttes politiques et des contradictions, c'est à l'Histoire de juger maintenant nos actes. » Avant de regagner Paris et la rue de Solferino, pendant que ses partisans se rassemblent sous la pluie à la Bastille.

« Il n'y a eu qu'un vainqueur le 10 mai 1981, c'est l'espoir ! Puisse-t-il devenir la chose de France la mieux partagée ! Pour cela j'avancerai sans jamais me lasser sur le chemin du pluralisme, confrontation des différences dans le respect d'autrui. Président de tous les Français, je veux les rassembler pour les grandes causes qui nous attendent… »

Allocution d'investiture du président François Mitterrand, jeudi 21 mai 1981, palais de l'Élysée

CHAPITRE 4

MITTERRAND, PRÉSIDENT !

Après l'élection du 10 mai et la liesse populaire de la place de la Bastille (à gauche), François Mitterrand devient officiellement, le 21 mai, le nouveau chef de l'État. Il choisit pour emblème le chêne et l'olivier, symbolisant la force, la paix, le Nord et le Sud (ci-contre). Il demande à Gisèle Freund de réaliser sa photo officielle – dans la bibliothèque de l'Élysée, les *Essais* de Montaigne à la main (à droite).

Élu le 10 mai, François Mitterrand entre à l'Élysée le 21 mai après avoir déposé au Panthéon une rose sur les tombeaux de Jean Jaurès, Victor Schoelcher et Jean Moulin. Il déclare vouloir « réaliser la nouvelle alliance du socialisme et de la liberté ». Le 21 mai il nomme Pierre Mauroy Premier ministre et, pour profiter de l'élan, dissout l'Assemblée nationale élue en 1978. Ils décident aussitôt des mesures sociales pour accroître le pouvoir d'achat des plus défavorisés. Aux élections des 14 et 21 juin, c'est un raz de marée de gauche qui confirme la présidentielle : 40 sièges de plus que la majorité absolue avec les radicaux et divers gauche, bond en avant du PS, effondrement du PCF de 86 à 44 sièges.

Dans l'après-midi du 21 mai, François Mitterrand, remontant la rue Soufflot, s'avance vers le Panthéon suivi par une foule exultante (ci-dessus). Barbara chantera : « Quelque chose a changé, un homme s'avance une rose à la main. » Jack Lang a orchestré ce moment avec *La Marseillaise* chantée par Placido Domingo et l'*Hymne à la joie* conduit par Daniel Barenboïm.

Mettre en œuvre les 101 propositions

François Mitterrand est maître des institutions, sauf du Sénat. Le 23 juin, après les élections, quatre ministres communistes entrent au gouvernement. François Mitterrand tient ses engagements, et ses partenaires. Au-delà de l'immense satisfaction de la victoire, le président veut plus que changer la société, il entend changer de société, en écho à « changer la vie ». Rompre. Créer des faits accomplis. Il a en tête la brièveté et la précarité des gouvernements de gauche – Herriot, Blum, la Libération, Mendès. Il sait qu'une partie du pays n'acceptera jamais ni sa victoire, ni l'Union de la gauche, qu'un procès en illégitimité lui sera bientôt fait. Dans quelques mois Jacques Chirac lancera : « Ce pouvoir n'en a pas pour deux ans. » François Mitterrand est sûr que le « mur de l'argent » va s'organiser. Il refuse ces fatalités et veut durer malgré tout cela, ce qui suppose de frapper fort pour édifier le socialisme à la française : d'où, au début de juillet, la décision de principe de nationaliser de nombreuses entreprises et banques. Sans arrêt, le président veille et presse le gouvernement.

Le 21 mai 1981, journée du « sacre » : le nouveau président est investi à 11 heures, au palais de l'Élysée. Quand il donne l'accolade à Pierre Mendès France, qui a les larmes aux yeux, il lui dit : « Sans vous tout cela n'aurait pas été possible » (ci-dessus). À Pierre Mauroy, nouveau Premier ministre, radieux (ci-contre), il lance : « Nous avons reconstruit ensemble le socialisme français » Au déjeuner, il a convié les leaders de l'Internationale socialiste et de grands écrivains, comme Gabriel García Márquez, William Styron, Élie Wiesel, Julio Cortazar, ainsi que Melina Mercouri.

Le pouvoir présidentiel mitterrandien s'organise, pour l'essentiel, autour de trois cercles. Le palais de l'Élysée autour de Pierre Bérégovoy (son secrétaire général en 1981 ; suivi de Jean-Louis Bianco de 1982 à 1991, puis d'Hubert Védrine) avec Jacques Attali, André Rousselet, Jean-Claude Colliard, Guy Penne, Michel Charasse, Jean Vauzelle, Jean Glavany et bien d'autres (plus de cent quarante conseillers en quatorze ans).
Le gouvernement autour de Pierre Mauroy (qui forme le premier gouvernement du premier septennat ; ci-contre) avec notamment Gaston Defferre, Robert Badinter, Charles Hernu, Claude Cheysson, Jacques Delors, Jean-Pierre Chevènement, Jack Lang, Alain Savary, Michel Rocard, Laurent Fabius, les communistes Marcel Rigout, Charles Fiterman, Jack Ralite, Anicet le Pors. Et le parti socialiste confié à Lionel Jospin.
En haut, Bérégovoy, Glavany, Attali, Vauzelle et Rousselet.

Réformer vite

Le 15 septembre, Gaston Defferre, ministre de l'Intérieur, présente sa grande loi de décentralisation. Le président, élu depuis trente-cinq ans de la Nièvre et de la Bourgogne, parlementaire dans l'âme, a voulu cette loi de toutes ses forces. Le 17 septembre, conformément à l'engagement présidentiel, et après

L'abolition devant le parlement

PEINE DE MORT POUR LA GUILLOTINE

l'intervention inoubliable de Robert Badinter, l'Assemblée abolit la peine de mort. Le budget de la Culture est porté à 0,5 % de celui de l'État. Dès le mois de juillet Jack Lang (comme Anne Pingeot) suggère à François Mitterrand de faire du Louvre entier un grand musée. Le ministère des Finances occupe son aile nord, son déménagement paraît invraisemblable. En octobre, en congrès à Valence, plusieurs responsables socialistes choquent en réclamant des « têtes » : des changements de titulaires dans les grands postes administratifs. Pourtant, c'est bien ce que Valéry Giscard d'Estaing avait fait en 1974 pour écarter les gaullistes.

En janvier, la durée de travail hebdomadaire est ramenée à 39 heures payées 40. En mars est décidée la retraite à 60 ans. Les lois Auroux sur les droits des

travailleurs sont votées en août et décembre. La gauche applique son programme. Mais l'économie ne suit pas. La reprise mondiale annoncée par l'OCDE ne se produit pas. Conséquence : l'augmentation du pouvoir d'achat accroît les importations, creuse les déficits et oblige à une première dévaluation du franc, de 8 %, en octobre. Le président s'inquiète mais espère que la conjoncture va se retourner.

Le 16 novembre, sept mois seulement après son élection, le président apprend qu'il souffre d'un cancer de la prostate métastasé. Le pronostic vital est sombre mais reste secret, car il ordonne au docteur Gubler, qui accepte, de publier le 15 décembre un bulletin de santé normal. Et le traitement va faire spectaculairement disparaître tout signe de la maladie pendant dix ans.

La montagne

Aux élections cantonales de mars 1982, la gauche recule. La situation des finances publiques se dégrade constamment. Le président finit par se résigner, de mauvais gré, par réalisme au plan de rigueur que ses conseillers, Pierre Mauroy et le ministre des Finances, Jacques Delors – qui appelle à une « pause » des réformes depuis octobre –, jugent inéluctable : nouvelle dévaluation du franc de 5,75 % et surtout blocage des salaires et des prix. Il attend néanmoins la fin du sommet des 7, que la France accueille cette année-là, en grande pompe, à Versailles, pour annoncer « qu'après la plaine voici venue l'étape de la montagne ». Ce virage à 180°, il cherche à lui donner un sens à Figeac en septembre 1982 en faisant l'éloge de l'esprit d'entreprise. Sous son impulsion quotidienne, le gouvernement poursuit la mise en œuvre du programme présidentiel.

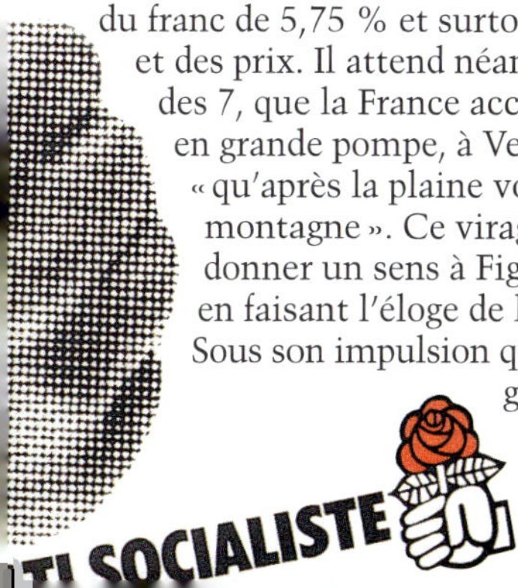

Pour la première fois depuis 1947, il y a quatre ministres communistes au gouvernement. Ce « défi » est en couverture du *Nouvel Observateur* du 29 juin 1981 (en bas, à gauche), tandis que le président presse le gouvernement : « On ne fait pas ce que l'on ne fait pas vite. » Nationalisations de 36 banques et 9 groupes industriels (au centre, affiche du PS de juin 1981), abolition de la peine de mort demandée à l'Assemblée nationale par Robert Badinter, garde des Sceaux (en haut, à gauche). En décembre 1981, une affiche socialiste présente un premier bilan (ci-dessus), mais l'état de grâce est déjà fini.

Création en août d'une « Haute Autorité » de l'audiovisuel. Le 20 décembre, présentation par Alain Savary du projet pour « un grand service public unifié et laïque de l'Éducation nationale ».

Mais les déficits se creusent toujours. Le franc est de nouveau attaqué. Un changement de politique économique plus radical encore qu'en juin 1982 va s'imposer. François Mitterrand laisse passer les municipales du 13 mars 1983, où la gauche conquiert trente-trois grandes villes. Puis, durant une semaine fatidique, il pèse le pour et le contre : faut-il sortir du système monétaire européen (SME) pour échapper à ses contraintes ? Mauroy, Delors, rejoints ensuite par Laurent Fabius, les conseillers économiques de l'Élysée et le directeur du Trésor, affirment et démontrent que dans cette hypothèse la France tombera vite sous la tutelle du FMI. Ils préconisent en conséquence un nouveau plan de rigueur. Les « visiteurs du soir », dont Jean Riboud, le président-directeur général de Schlumberger, Jean-Jacques Servan- Schreiber, Chevènement, plaident en sens inverse. Au bout de quatre jours, le choix du président est fait, peut-être le plus lourd de conséquences de ces quatorze années : ce sera le maintien dans le SME, et la voie sociale-démocrate européenne.

Les « ides de mars » 1983 s'achèvent par la victoire de l'Europe (ci-dessus, *L'Express* du 25-31 mars 1983).

Le refus de l'isolement

Le 23 mars, il explique : « Je n'ai pas voulu isoler la France de la Communauté européenne. » Au détriment du socialisme ? Le débat se poursuit jusqu'à aujourd'hui sur les conséquences de ce choix européen. Certains pensent même que François Mitterrand était dès le début conscient de l'incompatibilité entre le programme économique et social indispensable à l'alternance et à la conquête du pouvoir et les réalités européennes et mondiales modernes. Mais qu'il a voulu tenir le plus possible les promesses faites aux classes populaires avant de faire le choix qui s'imposait. D'autres estiment qu'il a vraiment cru au « socialisme à la française », au primat de la politique et de la volonté et a résisté pied à pied à l'évidence des faits.

Il maintient Pierre Mauroy à Matignon, mais c'est pour mener une autre politique. Delors, pressenti, a demandé à contrôler aussi le Trésor s'il était nommé, ce que le président a jugé excessif. Une troisième dévaluation et un deuxième plan de rigueur sont mis en œuvre.

Les mois qui suivent sont marqués par le réveil de la querelle scolaire. Le 4 mars 1984, les catholiques manifestent en masse contre l'intégration de l'École « libre » dans le service public unique de l'Éducation. Aux élections européennes du 17 juin, le PS retombe à 20 %. Le 24 juin, un million de personnes manifestent contre les projets scolaires du gouvernement.

Pendant une semaine, François Mitterrand entend les partisans et les adversaires de la sortie du SME. Mauroy et Delors sont totalement opposés à la sortie. Le président (avec Maurois, à gauche; avec Delors, ci-dessus) tranchera pour l'Europe.

La manifestation du 24 juin pour l'École « libre » (ci-contre) entraîne le retrait de la loi Savary. Certains rappellent que, dès janvier 1982, François Mitterrand avait expliqué au roi Hassan II que, bien que les socialistes eussent raison sur le fond, la société française n'accepterait pas leur projet scolaire, mais qu'ils ne s'en convaincraient que face à l'évidence du refus.

Devant cette marée, le président décide alors, le 12 juillet, le retrait de la loi Savary, qui était un de ses engagements de 1981. Alain Savary démissionne. Le départ de Pierre Mauroy est dès lors inéluctable.

Laurent Fabius, deuxième Premier ministre du premier septennat, arrive à l'Élysée le 17 juillet 1984. Le jour même, au cours d'un déjeuner, le président lui avait dit : « C'est plutôt à vous que je pense. Et c'est vraisemblablement pour aujourd'hui. Mais je dois encore réfléchir. Gardez un secret absolu. »

Laurent Fabius

Le 17 juillet 1984, François Mitterrand remplace Pierre Mauroy par Laurent Fabius, qui entre autres qualités est à trente-sept ans « le plus jeune Premier ministre que l'on ait donné à la France ». Les communistes en profitent pour se dégager du piège des responsabilités gouvernementales. Ce gouvernement, qui comprend des personnalités comme Alain Calmat ou Haroun Tazieff, se veut celui de la « modernisation ». Jean-Pierre Chevènement apaise la querelle scolaire. Laurent Fabius crée les TUC (travaux d'utilité collective), dynamise l'industrie. Chargés, comme depuis des années, d'empêcher Greenpeace d'accéder aux sites d'expérimentation nucléaire, les services secrets français provoquent la mort d'un photographe en coulant sans précaution le bateau de l'organisation écologiste, le *Rainbow Warrior*, dans le port d'Auckland, en Nouvelle-Zélande. D'où une tempête politique et des tensions entre le président, Laurent Fabius et le ministre de la Défense, Charles Hernu. Finalement le président est obligé de demander à ce vieux et fidèle compagnon de démissionner.

En juin 1985, devançant la plupart des scientifiques encore divisés sur les risques du sida, à peine identifié, Laurent Fabius est un des premiers

Charles Hernu, ministre de la Défense depuis mai 1981, a rapproché la gauche et l'armée. On le voit, ci-contre, lors d'une démonstration du Réseau intégré de transmissions automatique (RITA), le 6 juin 1985. Ci-dessous, dans le port d'Auckland en juillet 1985, l'épave du bateau de Greenpeace, le *Rainbow Warrior*.

chefs de gouvernement au monde à imposer l'interdiction de transfuser le sang non traité. Pourtant, de façon incompréhensible, il sera poursuivi avec acharnement pendant des années dans cette tragique affaire du sang contaminé, ce qui révoltera François Mitterrand.

Cela s'explique en partie par le climat politique. La gauche est au pouvoir depuis quatre ans. Ses adversaires politiques, idéologiques et économiques n'ont pas désarmé et s'impatientent. Les grands journalistes, fascinés dans les premières années, ce dont témoignent les nombreux ouvrages sur François Mitterrand, ceux de Catherine Nay (*Le Rouge et le Noir*, *Les 7 Mitterrand*), Jean-Marie Colombani (*Portrait du Président*), Serge July (*Les Années Mitterrand*), Franz-Olivier Gisbert (*François Mitterrand*), deviennent plus sévères ou moins patients. Sa cote de popularité faiblit. Dans les affaires Greenpeace ou du sang contaminé, les grands journaux se montrent très agressifs. Plus grave, le peuple de gauche commence à exprimer sa déception et sa frustration.

« Quand Charles Hernu a démissionné, j'en étais très triste. Là aussi [le président fait allusion à sa tristesse d'avoir dû se séparer de Mauroy], il fallait. Nous n'en sommes pas moins restés des amis. »

François Mitterrand à Marguerite Duras, 1985

François Mitterrand soutient toujours Laurent Fabius. Sentant venir la défaite, ils font voter en janvier 1985 le scrutin proportionnel, censé être plus juste et d'ailleurs inscrit à ce titre au programme du Parti socialiste. Aux législatives du 16 mars 1986, les socialistes limitent leurs pertes grâce à ce mode de scrutin et parce qu'ils recueillent quand même 33 % des suffrages. Mais la droite, RPR et UDF, obtient la majorité. Et avec 10 % des voix, le Front national entre au Parlement.

Moment de répit, pendant la conférence de Cancún en octobre 1981. Cette conférence Nord-Sud échoue du fait de l'intransigeance du président Reagan, après le retentissant discours aux opprimés prononcé par François Mitterrand à Mexico, qui donne vie au concept de « non-assistance aux peuples en danger ». De gauche à droite : Jacques Attali, François Mitterrand, André Rousselet, Régis Debray, Hubert Védrine, Christiane Dufour.

Inquiétudes mondiales

Dès mai 1981, François Mitterrand est conscient que l'« alliance mondiale des orthodoxies » s'inquiète du changement en France. Il est décidé à étouffer dans l'œuf tout ostracisme occidental contre la France « de gauche » et à ne pas se laisser déstabiliser. Le souvenir du coup d'État au Chili est proche. Il fait ce qu'il faut pour cela auprès de ses très grands partenaires occidentaux, à commencer par le président Ronald Reagan et Margaret Thatcher. Cela lui est facilité par la position qu'il a déjà prise d'opposition aux missiles

soviétiques à moyenne portée qui menacent l'Europe, les SS 20, l'« équilibre des forces » étant pour lui la pierre de touche de la paix. Ce qu'il va dire magistralement devant le Bundestag allemand, à Bonn, en janvier 1983.

Tout en récusant le mot « axe », il recherche une relation très étroite avec l'Allemagne. Helmut Schmidt et lui ne sont guère proches – François Mitterrand préférait Brandt, et Schmidt, Valéry Giscard d'Estaing –, mais chacun d'eux fait son devoir. C'est avec Helmut Kohl à partir d'octobre 1982 que la relation sera créatrice. De toute façon, en 1981, la construction européenne est paralysée par les exigences budgétaires de Margaret Thatcher.

Le président de gauche réussit à bien s'entendre avec Ronald Reagan et Margaret Thatcher (ci-dessus, en 1981). Mais à Versailles en mai 1982, au sommet des 7 (ci-dessous), éclate un désaccord Mitterrand-Schmidt avec Reagan sur le gazoduc russe.

En plus des sommets des 7 (annuels), des trois ou quatre Conseils européens par an, des sommets bilatéraux avec les autres pays d'Europe, des sommets de la Francophonie qu'il crée, François Mitterrand reçoit et voyage intensément pour que la France soit présente et pèse de tout son poids dans le monde. On le voit ici avec Deng Xiaoping en 1983 (page de gauche, en haut), vingt ans après sa visite à Mao Tsé-toung ; au Maroc avec Hassan II en 1983 aussi (ci-contre) ; accueillant, le 4 octobre 1986, le pape Jean-Paul II en voyage officiel en France (ci-dessus) ; au Mali le 16 novembre suivant (page de gauche, en bas).

L'Europe désembourbée

Il faudra trois ans d'efforts conjoints à Kohl et à Mitterrand pour obliger cette dernière à accepter, à Fontainebleau, en juin 1984, un compromis (quand même payé d'une ristourne permanente à la Grande-Bretagne), qui permet la relance de la construction européenne qui va marquer les années 1980. Les décisions économiques douloureuses que le président a été obligé de prendre sur le plan national dès 1982 et en 1983 rendent possible et cohérente cette relance européenne, et en même temps l'y poussent car il a besoin de tracer de nouvelles perspectives pour les Français. Il s'efforce dès lors de les convaincre que si « la France est notre patrie, l'Europe est notre avenir ».

Le 22 septembre 1984 à Verdun, soixante-sept ans après la bataille, François Mitterrand prend la main d'Helmut Kohl, un geste spontané et inoubliable (ci-dessus). À la demande du président français d'inaugurer ensemble l'Ossuaire de Verdun, le chancelier allemand avait réagi : « Un Allemand à Verdun, est-ce possible ? » et s'était entendu répondre : « Oui. Tant de morts, cela impose le respect. »

Le chef de l'État arrive à Beyrouth dans les ruines de l'immeuble Drakkar, le 24 octobre 1983 (à droite), quelques heures après l'attentat contre les forces américaines et françaises, attribué aux Iraniens et aux Syriens.

Face aux SS 20

Dès octobre 1981, avant même l'« état de guerre » en Pologne, François Mitterrand affirme à Helmut Schmidt, sceptique, que l'URSS sera assez affaiblie dans les quinze ans pour que la réunification allemande devienne possible. Raison de plus pour renforcer l'Europe avant. Il veut bien reprendre le dialogue franco-soviétique, mais pas tant que plane sur l'Europe de l'Ouest la menace, unilatérale, des missiles SS 20. Après que le Bundestag a voté en novembre 1983 – un peu grâce à lui – le déploiement rééquilibrant des Pershing II, il accepte d'aller à Moscou. Il y est reçu en juin 1984, et ose saluer le dissident Sakharov dans son discours au Kremlin. Le numéro 1 transitoire est Tchernenko, mais il fait la connaissance de Gorbatchev, alors chargé de l'Agriculture, qui le frappe par sa franchise.

Rêve de paix au Proche-Orient

Au Proche-Orient, François Mitterrand caresse le rêve d'une paix israélo-palestinienne à laquelle la France contribuerait. Il est critiqué par les Arabes

À la Knesset, le président (ici, avec Menahem Begin) rappelle ce que l'Occident doit au peuple juif et à son message, et s'engage pour sa sécurité. Il ajoute : « Je ne sais pas s'il y a une réponse acceptable par tous au problème palestinien. Mais nul doute qu'il y a un problème et que, non résolu, il pèsera d'un poids tragique et durable sur cette région du monde. »

pour le fait de se rendre en Israël en mars 1982 et par Menahem Begin, le Premier ministre israélien, parce qu'il préconise, à la Knesset dans un discours magnifique, un État palestinien. Déjà ! En fait il ne trouvera jamais au Proche-Orient, et notamment en Israël, de partenaires pour sa politique, le Likoud étant le plus souvent au pouvoir dans ces années-là et Begin puis Shamir récusant absolument toute perspective d'État palestinien. Il cherche à aider le Liban à retrouver plus d'autonomie. Mais quel Liban, et avec qui ? Cette tentative se brise le 23 octobre 1983 sur l'attentat contre le Drakkar, immeuble où étaient stationnées les troupes françaises à Beyrouth, qui fait suite à des attentats en France et entraîne la mort de cinquante-huit soldats français. Il fait alors quelques heures après, à Beyrouth, inopinément, dans les décombres encore fumants, une de ses plus émouvantes et dangereuses visites. François Mitterrand tient l'« amitié arabe » pour un des

piliers de la politique étrangère de la France, noue des relations personnelles fortes avec les dirigeants de ces pays, s'engage pour les Palestiniens, mais renâcle à honorer les contrats antérieurement signés avec l'Irak, plus encore à les prolonger par des avenants. Une fois déclenchée par Saddam Hussein l'effroyable guerre contre l'Iran, il répète que « la France ne se veut pas l'ennemie de l'Iran ».

François Mitterrand s'est installé dans le même bureau que le général de Gaulle, au premier étage de l'Élysée. Il s'est entouré d'objets familiers, de souvenirs – des bulletins du collège, la photo de ses grands-parents Lorrain, celle de son cousin Pierre Sarrazin, une autre de l'église de Nabinaud, une montre offerte par Jean-Louis Étienne, un galet… Ici, dans le silence de cette pièce, le président corrige une note ou travaille un discours à l'encre bleue, avec un de ses gros stylos Waterman. Au fond, les arbres du jardin de l'Élysée.

Mitterrando-gaullien

Il mène avec Claude Cheysson, qu'il estime et a choisi comme ministre des Affaires étrangères sans toujours partager ses vues, une politique « mitterrando-gaullienne ». Gaullien, il l'est par l'autorité et la majesté, par son souci du rang et du rôle, par la façon dont il assume la dissuasion nucléaire française « du faible au fort » (il y a rallié au préalable le Parti socialiste avec l'aide de Charles Hernu de 1973 à 1978), quand il s'oppose aux sanctions américaines contre le gazoduc euro-russe ou aux projets américains de « guerre des étoiles », par son approche historique et géographique des intérêts de la France, quand il endosse sa politique africaine

– jusqu'au discours de La Baule de 1990 – ou crée les institutions de la Francophonie.

En revanche, il est plus compréhensif que le Général avec les États-Unis ou avec la Grande-Bretagne, plus arrangeant même quand il n'est pas d'accord avec eux, plus indulgent avec les Israéliens, y compris quand il croit devoir condamner leur politique ; en général plus souple, moins grandiloquent et bien sûr beaucoup plus européen. Au fil des sommets des 7, ou des 8, des Conseils européens, de ses très nombreux voyages ou des crises, son rayonnement international – poids de la France, savoir-faire exceptionnel, talent politique, culture, séduction – ne cesse de croître. En décembre 1984, il désigne Claude Cheysson comme Commissaire européen, ce qui permet de nommer au Quai d'Orsay Roland Dumas, lequel sera jusqu'en mai 1986 puis de mai 1988 à mars 1993 son interprète souple et ingénieux.

Première cohabitation

Le 20 mars 1986, la gauche battue, François Mitterrand, qui accepte de coexister avec un gouvernement adverse, nomme sans tergiverser

Le dimanche 16 mars 1986, dans le bureau du secrétaire général de l'Élysée, entouré de Laurent Fabius et Lionel Jospin, François Mitterrand regarde à la télévision les résultats des élections qui donnent la victoire à la droite avec 53,50 % des suffrages. C'est donc dans ses rangs que le président choisira le nouveau Premier ministre, avec lequel il va « coexister » (le mot cohabitation lui paraît abusivement chaleureux). Lors du premier Conseil des ministres de cette coexistence, il conclut en rappelant la Constitution « qui définit clairement les responsabilités des uns et des autres ».

Premier ministre Jacques Chirac, le vainqueur des élections. Édouard Balladur devient ministre de l'Économie, des Finances et de la Privatisation. Débutent alors deux années de guérilla et de bras de fer sur le fond, les procédures et les pouvoirs respectifs du président et du gouvernement. Le programme du nouveau gouvernement se veut nettement à droite. Le président, qui n'est pas prêt à se laisser dépouiller, utilise toutes ses armes constitutionnelles pour en contrarier la mise en œuvre, alerter l'opinion, pratiquer l'art du contre-pied, garder une longueur d'avance et restaurer ainsi sa popularité et celle de la gauche : déclarations assassines, confidences distillées aux journalistes, manipulation des ministres les uns contre les autres, refus des ordonnances de privatisation, actions contre la loi Devaquet sur l'enseignement supérieur. En même temps il doit affronter directement ou indirectement des affaires de financement politique liées au Parti socialiste, celle du Carrefour du développement et l'affaire Luchaire, et le drame des otages français du Liban. Sur le plan diplomatique, mal inspiré ou mal renseigné, Jacques Chirac essaie sans succès de lui disputer la première place dans les sommets internationaux. Et inquiète en s'alignant sans réserve sur les projets américains de « guerre des étoiles », ou en défendant un projet de « missile mobile ».

Le chancelier allemand Helmut Kohl soutient autant qu'il le peut François Mitterrand, prenant avec lui diverses initiatives comme la brigade commune franco-allemande. En retour, François Mitterrand clarifie la stratégie française de dissuasion concernant les armes nucléaires de courte portée qui inquiétait l'Allemagne.

Première cohabitation. Le président Mitterrand et son Premier ministre, Jacques Chirac, le 11 novembre 1986.

Entré à l'Élysée en 1981 au nom de l'Union de la gauche, François Mitterrand veut s'y maintenir au nom de l'unité des Français. Selon Lacouture : « Élu à gauche en socialiste, il est réélu par le centre gauche, en radical-socialiste. » La victoire de la France unie est aussi une contrainte, un cadre pour son action future. Au centre, une des trois affiches « Génération Mitterrand » de la campagne de 1988.

Mitterrand candidat ?

La première cohabitation s'achève par des affrontements et des polémiques sur les conditions de la libération des otages du Liban, et de l'Iranien Gordji, et sur celle de la libération sanglante des vingt-sept gendarmes pris en otage à Ouvéa en Nouvelle-Calédonie par des indépendantistes kanaks.

Le chef de l'État inaugure le 4 mars 1988 sa grande œuvre, la pyramide du Louvre. Le 29 mars 1989, il la visite avec l'architecte sino-américain Ieoh Ming Pei (ci-dessus).

Quant à sa candidature à la présidentielle de 1988, François Mitterrand fait durer l'attente. Peut-être a-t-il hésité ? Et le 22 mars il annonce au journal télévisé que « oui », il est candidat à un second mandat. Après une campagne aisée, rapide et rassembleuse sur le thème de la « France unie », conseillé par Jacques Séguéla – l'inventeur du slogan « génération Mitterrand » –, il l'emporte très largement le 8 mai avec 54 % des voix contre 46 % à Jacques Chirac. Garant de la gauche, mué en père de la patrie, il devient ainsi le premier président de la Ve République deux fois élu au suffrage universel.

Le président adresse à tous les électeurs et électrices, une « Lettre aux Français », qu'Alain Duhamel définit comme « rose très pâle » (brouillon manuscrit, pages suivantes).

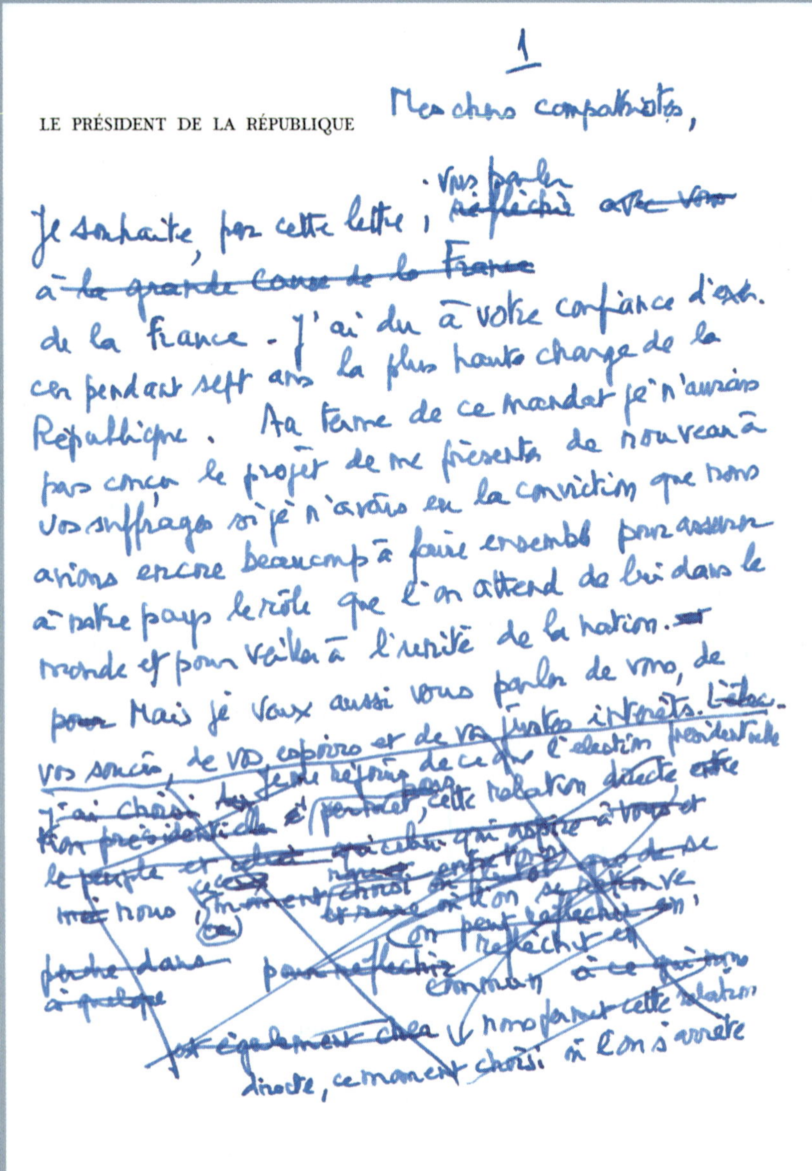

1

LE PRÉSIDENT DE LA RÉPUBLIQUE

Mes chers compatriotes,

Je souhaite, par cette lettre, vous parler ~~réfléchir avec vous~~ ~~à la grande cause de la France~~ de la France. J'ai dû à votre confiance d'exercer pendant sept ans la plus haute charge de la République. Au terme de ce mandat je n'aurais pas conçu le projet de me présenter de nouveau à vos suffrages si je n'avais eu la conviction que nous avions encore beaucoup à faire ensemble pour assurer à notre pays le rôle que l'on attend de lui dans le monde et pour veiller à l'unité de la nation.

Mais je veux aussi vous parler de vous, de vos soucis, de vos espoirs et de vos justes intérêts. L'élection présidentielle [...] cette relation directe entre celui qui aspire à vous [...] et [...] ce moment choisi où l'on se retrouve, où l'on peut réfléchir en commun à ce qui [...] nous permet cette relation directe, ce moment choisi où l'on s'arrête

2

LE PRÉSIDENT DE LA RÉPUBLIQUE

Je me réjouis ~~de ce~~ que ~~l'élection présidentielle~~ ~~nous offre~~ ~~nous offre~~ ~~le moment choisi~~ ~~cet art~~ ~~de cette relation directe~~, de ~~le moment choisi~~ qu'elle nous permet l'élection présidentielle ~~permet de réfléchir~~

de l'occasion qui m'est ainsi donnée de réfléchir avec vous aux grandes chances et aux risques ~~aux chances et aux risques de~~ ~~événements~~ ~~majeurs~~

~~Je choi~~ J'ai choisi ce moyen, vous écrire, pour m'exprimer sur tous les grands sujets qui valent d'être traités et discutés entre Français, sorte de réflexion en commun comme il arrive le soir, autour de la table en famille. ~~Ce n'est pas une façon très habituelle ni traditionnelle~~ Cette ~~façon inhabituelle~~, ~~Ces mots sont venus~~ ~~de~~ ~~ma plume et il est vrai qu'un peuple c'est aussi une famille on s'aime on se querelle on se sépare, on se retrouve et la vie est ainsi faite exactement ce qui passe dans~~

Je ne vous ~~offre~~ soumets pas un programme, dans le sens habituel du terme. ~~Je~~ Je l'ai fait en 1981 alors que j'étais à la tête du parti socialiste. Un programme en effet est l'affaire ~~des partis des formations politiques~~ ~~qui~~ des partis politiques ~~lorsqu'il s'affrontent dans la compétition~~

Très bien réélu, avec 54 % des suffrages, ayant perdu 10 % de ses voix de gauche de 1981 mais en ayant gagné 15 % à droite, François Mitterrand retrouve après deux années de cohabitation la plénitude de ses fonctions. Il dit désirer l'« ouverture » au début de ce second mandat. Mais il ne veut pas pour autant se soumettre aux exigences excessives des centristes, indispensables pour retrouver une majorité dans l'Assemblée élue en 1986. Il doit donc dissoudre.

CHAPITRE 5

SECOND SEPTENNAT

La célébration, le 14 juillet 1989, par la République française du bicentenaire de sa Révolution coïncide avec le sommet des 7 à la Grande Arche de la Défense. Au cours de la cérémonie du bicentenaire, conçue par Jean-Paul Goude, Jessie Norman chante *La Marseillaise* devant l'obélisque de la Concorde (ci-contre). Page de gauche, portrait de François Mitterrand vers 1989.

Michel Rocard, Premier ministre

Dès lors que Jacques Delors veut poursuivre sa tâche, essentielle, à Bruxelles, c'est Michel Rocard qui s'impose pour cette étape. François Mitterrand et lui se sont constamment opposés depuis plus de vingt ans sur la stratégie de la gauche, mais François Mitterrand estime que c'est le choix logique qu'attend son électorat de gauche. Les deux hommes vont d'ailleurs coopérer assez bien, par raison, en tout cas jusqu'en mars 1990, même si Bérégovoy, Dumas, Lang ou Cresson contestent sourdement l'autorité du Premier ministre et affirment que Mitterrand a surtout voulu « lever l'hypothèque Rocard ».
L'optimisme soulève la gauche. Dans la logique de la « France unie », François Mitterrand impose qu'il y ait au gouvernement quelques personnalités de centre droit et pas plus de 50 % de socialistes. Il suffit que le 22 mai à Solutré, rite familial et amical devenu depuis 1981 un rendez-vous médiatique, François Mitterrand lâche « il n'est pas sain qu'un seul parti gouverne », pour que les électeurs, qui l'entendent trop bien, placent le Parti socialiste en tête, mais à quatorze sièges en deçà de la majorité absolue, ce qui entraîne des grincements de dents dans son camp.

Avec l'accord, le soutien ou le *nihil obstat* du président, le gouvernement Rocard est très actif. Il transforme la CNCL, chargée de l'éthique des médias, discréditée, en conseil supérieur de l'Audiovisuel (CSA). Il créé le RMI (revenu minimum d'insertion). En 1990 il institue une contribution sociale généralisée (CSG), vraie modernisation fiscale. Alors

Quelques jours avant le second tour, dont l'issue ne fait pas de doute, cette étrange équipée champêtre dans la vallée de l'Hérault, proposée par François Mitterrand, a laissé présager avec malice le choix du Premier ministre. « Avec ces énormes chaussures et cette casquette trop grande, je ressemble vraiment au Rocroa du "Bébête Show" », dira plus tard Michel Rocard. Pendant un temps, à la grande satisfaction de l'opinion de gauche, le vieil antagonisme Mitterrand-Rocard semble s'apaiser.

que la tragédie d'Ouvéa, en Nouvelle-Calédonie est très récente, Michel Rocard parvient, avec Michel Blanc, à renouer les fils du dialogue entre les indépendantistes kanaks de Tjibaou et le RPCR de Lafleur, grâce à des médiateurs habilement choisis en dehors des partis dans les religions et les obédiences maçonniques. Moins de

Le RMI prêt à l'emploi

Le projet de loi sur le Revenu minimum d'insertion a été voté à l'unanimité par l'Assemblée nationale.

sept semaines après le bain de sang, le 26 juin, les « Accords de Matignon » sont signés, puis ratifiés ensuite par référendum. Le président prend acte.

Aux municipales, en mars 1989, le Parti socialiste regagne dix villes. Le 14 Juillet, le 200e anniversaire de la Révolution de 1789, préparé par Jean-Noël Jeanneney, est magnifiquement célébré. Tout en observant la souris gouvernementale, le chat Mitterrand se consacre aux grands changements internationaux en cours.

Épreuves

Le gouvernement et le Parti socialiste s'empêtrent dans le vote de la loi sur les financements politiques. Du fait de l'explosion des dépenses des campagnes modernes, les combines traditionnelles pour les financements électoraux, avec tous leurs abus, ne sont plus acceptées. Après l'affaire Luchaire et diverses accusations contre le Parti socialiste, et les autres partis, Jacques Chirac avait fait voter, le 11 mars 1988, une loi plafonnant les dépenses pour

Michel Rocard règle le conflit néo-calédonien avec Jean-Marie Tjibaou et Jacques Lafleur. En haut, Rocard et Tjibaou prônant le oui au référendum sur les Accords de Matignon, qui donnent un nouveau statut à l'île et prévoient un scrutin d'autodétermination en 1998. Le président reconnaît en Rocard « un inlassable et habile négociateur ».

Pour Michel Rocard, le RMI, revenu minimum garanti à ceux qui n'ont rien et condition de leur réinsertion, est aussi important que la Sécurité sociale, le minimum vieillesse et les allocations chômage.

la présidentielle et les législatives. Premier pas utile. Mais les financement, a-légaux ou illégaux, des partis politiques sont de plus en plus dénoncés.

Le président comprend qu'il faut aller plus loin. À Solutré, le 14 mai 1989, il demande une « loi sévère », s'appliquant aussi aux communes. Votée le 22 décembre 1989, celle-ci s'accompagne d'une amnistie pour les faits antérieurs à la loi, pratique fiscale classique. L'opinion s'indigne de cette « auto-amnistie », alors même que la loi exclut de son champ les parlementaires et les cas d'enrichissement personnel. Christian Nucci n'était pas parlementaire au moment des faits pour lesquels il a été condamné dans l'affaire du Carrefour du développement, mais il ne s'est pas enrichi personellement. François Mitterrand ne décolère pas contre le gouvernement et le Parti socialiste qui ont gâché une réforme juste et utile et se retrouvent en posture d'accusés !

Le président est personnellement éprouvé par les accusations portées, dans l'affaire du rachat par Pechiney de la société American Can, contre son ami de captivité et de Résistance, Roger Patrice Pelat (ici, marchant ensemble dans Paris). Inculpé en février de « délit d'initié », celui-ci meurt le 7 mars 1989 d'un infarctus.

Déchirements socialistes

Mais c'est la bataille pour le contrôle du Parti socialiste qui provoque les fractures irrémédiables. Placé par François Mitterrand à la tête du PS à Créteil, en janvier 1981, Lionel Jospin a « tenu » le parti pendant sept ans. En mai 1988, il demande au président à entrer au gouvernement et obtient l'Éducation. Le président veut que Laurent Fabius lui succède à la tête du PS.

Kermit la grenouille et Rocroa le corbeau (ci-contre), vedettes du « Bébête Show », l'émission de Stéphane Collaro, seront suivies par les marionnettes des « Guignols de l'info » sur Canal+.

Lors du congrès de Rennes, le courant « mitterrandiste » éclate, Laurent Fabius est battu, les héritiers putatifs sont déchirés. (ci-contre, Lionel Jospin et ci-dessous, Laurent Fabius à Rennes). Après ce congrès fratricide, les rapports entre François Mitterrand et les socialistes ne seront plus jamais les mêmes.

Mais c'est Pierre Mauroy que les socialistes choisissent. Premier accroc. François Mitterrand estime beaucoup ce dernier, mais il ne voit pas en lui le leader socialiste de l'avenir. Il s'emploie donc à placer Laurent Fabius sur orbite pour le congrès prévu à Rennes en mars 1990.

Bien que François Mitterrand ait été clair avec lui en 1988 (il est nommé Premier ministre, mais il ne doit pas se mêler des affaires du parti), Michel Rocard voit dans Fabius une menace majeure pour ses ambitions. Il s'oppose donc au congrès de Rennes au projet du président, avec le soutien de Lionel Jospin, et fait échouer les compromis ébauchés par Pierre Mauroy ou Jean-Pierre Chevènement. La rupture est consommée entre François Mitterrand et Michel Rocard. Désormais, c'est la « haine tranquille » et sans masque, selon le mot du journaliste Robert Schneider. Si le président garde encore Rocard à Matignon quatorze mois, ce n'est que parce qu'il doit affronter pendant cette période la guerre du Golfe.

“Nous nous sommes tous fourvoyés à Rennes et moi notamment en entrant dans une bataille qui n'était pas la mienne. Mais c'est collectivement – et François Mitterrand au premier chef – que nous aurions dû éviter cette cassure du courant majoritaire du parti majoritaire.”

Lionel Jospin
à Jean Lacouture,
avril 1998

La réunification allemande

Mikhaïl Gorbatchev (ici, avec François Mitterrand) a essayé de freiner la réunification allemande, mais n'en avait pas les moyens. De son côté, Margaret Thatcher était contre, mais se paralysait elle-même en refusant tout renforcement de l'Europe. Quant au président américain George Bush, il était activement pour, sauf si cela avait dû affaiblir l'OTAN.

L'effondrement de l'URSS, avec ses multiples conséquences en chaîne, domine toute la période. François Mitterrand se consacre avec un intérêt et une passion évidente à conduire le vaisseau France dans ces tourmentes, à adapter la politique étrangère française à la nouvelle donne mondiale, pratiquant une diplomatie d'Archimède qui se sert de tous les leviers disponibles. Il n'est pas vraiment surpris : dès 1981, bien seul, il disait à Helmut Schmidt voir la réunification allemande possible d'ici à une quinzaine d'années, car l'emprise soviétique se serait affaiblie. Le processus prend corps à partir de l'arrivée au pouvoir de Mikhaïl Gorbatchev en 1985 et son refus de plus en plus manifeste de ne plus garantir par la force le maintien des régimes communistes en Europe de l'Est, dès lors condamnés. Le mouvement devient visible en 1988-1989.

François Mitterrand a toujours trouvé légitime l'aspiration du peuple allemand à la réunification. Mais il se soucie de son bon déroulement et de

Dans l'avion présidentiel, le chef de l'État en conversation avec Jacques Attali. Conseiller spécial omniprésent, touche-à-tout, inventif, ce dernier a été pendant dix ans un élément clef de l'Élysée, après avoir conseillé François Mitterrand dès avant 1974 dans l'opposition. Au premier plan, Roland Dumas, inamovible ministre des Affaires étrangères de 1984 à 1986 et de 1988 à 1993.

L'accord final de l'acte de naissance de l'« Allemagne unie » est signé à Moscou, le 12 septembre 1990. Au centre : Roland Dumas. De part et d'autre, le ministre soviétique des Affaires étrangères, Édouard Chevardnadze, et celui de l'Allemagne de l'Est. Le traité d'unité entrera en vigueur en octobre 1990.

En couverture de *Stern* du 10 novembre 1989 (ci-dessus) : « Nuit de liberté, jour des Allemands / Chute du mur de Berlin ». Le président français salue « cet événement heureux [...] qui sera contagieux, c'est-à-dire qu'il ira ailleurs et plus loin ». Les événements de 1989-1991 ont marqué la fin du monde bipolaire de la guerre froide et l'entrée dans le monde « global », pour le meilleur et pour le pire.

ses conséquences, donc de sa bonne gestion. Le 27 juillet 1989 il déclare à cinq journaux européens : « L'aspiration des Allemands à l'unité me paraît compréhensible, mais elle ne peut se faire que pacifiquement et démocratiquement. » Il ajoutera plus tard : « et que si elle renforce la construction européenne ». Cette ligne inspire toute sa conduite dans l'année qui suit, au fur et à mesure que la réunification paraît envisageable, puis possible, et probable à partir de la chute du Mur le 9 novembre, qu'elle s'accomplit et que Helmut Kohl, d'abord incertain, s'engage et accompagne prudemment le mouvement, avant de l'accélérer après en avoir pris le leadership. La condition « démocratique » est bientôt remplie avec des élections en RFA et en RDA. La condition « pacifique » est assurée par d'incessantes négociations entre Helmut Kohl, George Bush, Mikhaïl Gorbatchev, Margaret Thatcher, François Mitterrand, leurs conseillers et leurs ministres des Affaires étrangères, par des voyages, des rencontres, des conférences, sans oublier en toile de fond quelques polémiques franco-françaises. Résultat : tous les problèmes de frontières, de sécurité et de statut sont réglés en quatre réunions, de mai à septembre 1990, par les six ministres concernés (les « 2 + 4 »), dont Roland Dumas. L'Allemagne confirme la frontière germano-polonaise Oder-Neisse, comme sa renonciation aux armes ABC. L'Allemagne réunifiée forme un seul État dans l'Union européenne et dans l'OTAN.

Au lendemain du référendum sur le traité de Maastricht : « Un petit oui » à l'union économique et monétaire européenne.

Relance européenne

François Mitterrand réussit à faire admettre la création de la BERD, la nouvelle banque pour l'Est, idée de Jacques Attali. Mais il ne convainc pas de l'opportunité d'une « confédération » avec les pays de l'Est pour créer une entité commune avec les membres de l'Union en attendant la future adhésion de ces pays. Il l'a proposée trop tôt et y a inclus la Russie, ce qui est inacceptable pour les Européens de l'Est. Cet échec aura des conséquences néfastes et durables sur les suites de la construction européenne. Grand succès en revanche pour la relance européenne qui accompagne la réunification. Le 9 décembre 1989 à Strasbourg, le chancelier Kohl accepte la conférence qui conduira à la monnaie unique – énorme concession allemande, puisqu'il y a, à l'époque, *de facto*, une zone mark –, et lance avec François Mitterrand l'objectif d'une union politique. Ensemble, le 28 avril 1990, ils proposent aux Douze, à Dublin, de transformer la Communauté en « Union européenne ». Cette impulsion continue des deux leaders – auxquels il faut ajouter Delors – conduit un an et demi plus tard, le 10 décembre 1991, à Maastricht, à un accord puis à un traité formellement signé en février 1992 : union économique et monétaire, monnaie unique (l'euro) à compter du 1er janvier 1999, mise en route d'une politique étrangère et de sécurité commune. Il s'agit, selon François Mitterrand, de « l'acte le plus important depuis le traité de Rome ».

Maastricht ratifié

Le 21 septembre 1992, après une campagne âpre marquée par la révélation du cancer de la prostate dont souffre le président, et son opération, 51,30 % des Français ratifient par référendum le traité de Maastricht. François Mitterrand a peut-être eu

des états d'âme sur les conséquences de la réunification allemande. Mais il a fait ce qu'il devait, quand il le fallait, pour la France et pour l'Europe, même s'il ne l'a pas assez clairement expliqué aux Français alors que débutait la réunification. Bâtie depuis sept ans et mise à l'épreuve, sa relation avec Helmut Kohl est finalement renforcée par la réunification, alors que la désintégration yougoslave va opposer vraiment les deux hommes. En définitive il y a peu d'autres exemples d'une mutation internationale aussi potentiellement explosive que la réunification allemande qui aient été gérés collectivement par les dirigeants concernés de façon aussi intelligente.

De 1982 à 1995, François Mitterrand et Helmut Kohl se seront rencontrés plus de cent dix fois (ci-dessus, au 59e sommet franco-allemand à La Rochelle en 1992).

Ballet diplomatique franco-britannique le 1er novembre 1990 : François Mitterrand et Margaret Thatcher avec leurs ministres des Affaires étrangères. Margaret Thatcher, devenue « experte en socialiste français », écrira : « Le socialiste français est un animal extrêmement redoutable. Il peut être hautement éduqué, complètement sûr de lui, dirigiste par conviction car appartenant à une culture politique dirigiste par tradition. »

La guerre du Golfe

En présentant ses vœux aux Français (ci-dessus) le 31 décembre 1990, François Mitterrand évoque l'invasion du Koweït par l'Irak et les risques d'une guerre qui paraît inéluctable. Plus tard, il ira soutenir les forces françaises déployées en Arabie saoudite et rencontrera les dirigeants saoudiens (ci-dessous).

La réaction de François Mitterrand à l'invasion et à l'annexion du Koweït par l'Irak, le 2 août 1990, est immédiate. Il fait voter par la France la résolution 660 du Conseil de sécurité qui exige le « retrait immédiat et inconditionnel des troupes irakiennes ». Les autres leaders du monde sont à l'unisson : George Bush, Margaret Thatcher, Helmut Kohl, et aussi Mikhaïl Gorbatchev, Hosni Moubarak et la majorité des Arabes. Il sent bien que l'acte de Saddam Hussein, quels que soient ses motifs, a déclenché une logique de guerre, mais il lui est impossible d'accepter le fait accompli. Échaudé par les années 1930, il réagit avec force aux invasions militaires, *a fortiori* aux annexions, Afghanistan, Malouines, Libye au Tchad, Irak au Koweït, Ouganda et FPR au Rwanda.

Au-delà du droit international, il espère que cet engagement renforcera le poids de la France dans le nouvel ordre international annoncé et sa capacité à peser sur le règlement des autres problèmes

du Proche-Orient. Sa très bonne relation avec George Bush l'incite à le croire... Sa politique est simple : réaffirmer l'exigence de retrait du Koweït (mais pas au-delà), y compris par la force si nécessaire, et ce sera la fonction, le 29 novembre, de l'ultimatum fixé au 15 janvier. Il entend mettre la France en mesure d'y participer militairement, d'où l'opération Daguet de 12 000 hommes

et 50 avions et le vote de l'Assemblée nationale le 15 janvier (523 voix contre 23). Et, jusqu'au bout, il lancera des appels répétés à Saddam Hussein pour qu'il retire ses troupes. Mais ce dernier ne saisit aucune perche. La machine diplomatique et militaire de la coalition avance dès lors inexorablement. L'ultimatum expire. Les opérations aériennes commencent le 17 janvier, bientôt suivies des opérations terrestres. L'armée irakienne est expulsée du Koweït. George Bush, soutenu par François Mitterrand, et respectant les termes de la résolution 678, s'en tient là. Saddam Hussein reste au pouvoir. Ensuite, Bush et James Baker lancent courageusement un processus de paix israélo-palestinien en favorisant l'arrivée au pouvoir d'Yitzhak Rabin, mais les Européens n'y jouent qu'un rôle marginal.

François Mitterrand a piloté personnellement, directement ou en Conseil restreint, la politique française. Il est intervenu vingt-deux fois publiquement, sous une forme ou sous une autre. Au départ, l'opinion était hostile à la guerre. En janvier, seuls 37 % des Français approuvaient l'entrée en guerre. À la fin du mois, il étaient 77 % et près de 80 % en mars.

À Élie Wiesel, lui demandant en 1994, dans *Mémoires à deux voix* : « Que peut-on faire contre la guerre ? », François Mitterrand répond : « La paix. Disposer d'une infinie patience, de ressources multiples d'imagination et d'intelligence, d'une résolution plus ferme encore. Avec cependant, une réserve. Celle qu'en face d'un pays belliqueux, il faille parfois se résoudre à faire la guerre. » Il eut cette attitude pendant la guerre du Golfe, en accord avec le président George Bush (ci-dessous, ensemble à Versailles le 1er juillet 1991).

La désintégration yougoslave

Dans un monde idéal, la prétendue « communauté internationale » se serait souciée de l'avenir de la Yougoslavie dès la mort de Tito en 1980. Avec le recul, on voit en effet que les Serbes allaient inévitablement chercher à retrouver leur place dominante, que Tito, un Croate, avait contenue, et que les autres nationalités ne l'accepteraient pas. Et que ce « fédéralisme » complexe et stabilisant aurait du mal à survivre à son inventeur. Des idées nationalistes s'étaient répandues dans les années 1980, chez les Serbes, puis chez les Croates et, à un moindre degré, chez les Musulmans bosniaques. À la fin des années 1980, le nationalisme serbe de plus en plus brutal de Milosevic avive les tensions et rend intolérable aux autres peuples leur maintien dans la Fédération. Comme George Bush et les dirigeants de tous les pays européens, sauf l'Allemagne et le Vatican, François Mitterrand est encore attaché à la Fédération yougoslave dont il craint la désintégration. En revanche, l'Allemagne ne décourage pas le désir de sécession des républiques fédérées du nord de la Yougoslavie.

D'avril à décembre 1991, pour tenter d'encadrer ce processus explosif de désagrégation, François Mitterrand encourage toutes les initiatives, ou en prend lui-même, avec lord Carrington, Robert Badinter, les ministres des Affaires étrangères, le rapport Vance-Owen en décembre 1991. Par symétrie

Le président se rend le 28 juin 1992 dans Sarajevo assiégée par les forces serbes. On le voit avec Bernard Kouchner et le président bosniaque Izetbegovic (ci-dessous) et au milieu de la foule (page de droite).

VISITE SURPRISE DU CHEF DE L'ETAT A SARAJEVO

PRESIDENT S

Bernard Kouchner a été auprès du chef de l'État l'avocat inlassable d'un « droit d'ingérence » plus audacieux. François Mitterrand écoute certains de ses conseils, comme après la première guerre du Golfe celui de faire protéger les Kurdes par l'ONU.

avec la réunification allemande, il rêve d'une « désintégration » pacifique, démocratique et contrôlée et juge irresponsable le soutien de l'Allemagne à l'autodétermination de ces peuples imbriqués sans préparation préalable. Jusqu'à Maastricht, il essaie d'obtenir l'accord de l'Allemagne sur quelques règles communes. L'Allemagne y souscrit, mais les abandonne dès janvier 1992 en reconnaissant seule la Croatie. De guerre lasse, François Mitterrand et Roland Dumas suivent, comme ils souscrivent le

NS FRONTIERES

Alors que la Slovénie, homogène, imposera facilement son indépendance, c'est la guerre en Croatie. Attaquée par l'armée fédérale serbe, elle expulse les 250000 Serbes qui y vivaient dans la Krajina. La Bosnie est déchirée aussi. Les divers groupes yougoslaves s'affrontent cruellement et férocement pour fixer d'improbables nouvelles limites ethniques.

6 avril à la reconnaissance par l'Europe de la Bosnie, qui s'est proclamée indépendante par un référendum le 29 février, tout en redoutant un redoublement des violences. De fait, la Croatie et la Bosnie s'embrasent.

Forcer le blocus de Sarajevo

En juin 1992, François Mitterrand effectue avec Bernard Kouchner une visite impromptue, et très risquée, à Sarajevo pour forcer le blocus serbe. D'abord saluée, cette initiative est ensuite dénoncée par certains intellectuels français qui se déchaînent

Après s'être longtemps tenus à une réserve prudente, les Américains finiront par imposer à Dayton en décembre 1995 un partage de fait en Bosnie entre la Fédération bosno-croate (51 % du territoire) et la Republika Serbska (49 %). Accord qui ne régle pas la question du Kosovo.

avec violence contre la politique française – qui est en fait celle, unanime, de tous les Européens, sauf l'Allemagne, et des Américains. Parce qu'il a refusé d'« ajouter la guerre à la guerre », parce qu'il conserve de la guerre le souvenir de la souffrance des Serbes et donc de la sympathie pour ce peuple, ce qui n'a rien à voir avec Milosevic, certains lui reprochent d'« empêcher » à lui seul une intervention militaire que personne n'envisage. D'ailleurs, en février 1994, il donne à Alain Juppé, ministre des Affaires étrangères

Au début, la nomination pour la première fois d'une femme Premier ministre est plébiscitée par l'opinion publique : 77 % des Français approuvent. Choisie par le président, dans une « situation fiévreuse », pour donner un second souffle à l'action gouvernementale, Édith Cresson dira plus tard à Pierre Favier : « En me nommant, il avait pris d'énormes risques, sans m'en donner les moyens. » Ci-contre, Édith Cresson répondant aux questions des parlementaires, le 12 juin 1991 ; et, ci-dessous, passation de pouvoirs Cresson-Bérégovoy, le 4 avril 1992.

de la seconde cohabitation, son accord pour que l'OTAN lance un ultimatum aux forces serbes à Sarajevo et puisse frapper.

Le pari Cresson

Résolu depuis le congrès de Rennes à se séparer de Michel Rocard, fort de sa popularité d'après la guerre du Golfe, désireux de conjurer par une initiative spectaculaire le risque des « dix ans, ça suffit », François Mitterrand nomme le 15 mai 1991 Édith Cresson Premier ministre, malgré les réticences de l'intéressée. Il en attend un choc – la première femme à Matignon –

et un sursaut contre la routine technocratique et le conformisme économique. Président depuis dix ans, il ne lui déplaît pas d'imposer sa volonté aux conseilleurs de tous ordres qui lui expliquent sans arrêt : vous ne pouvez pas ceci, vous ne pouvez pas cela, et à l'appareil d'État, qu'il sent rétif. Mais le discours d'investiture du nouveau Premier ministre est une déception, les grands barons socialistes n'acceptent pas son autorité, plusieurs de ses déclarations, provocantes, choquent, les médias ne lui passent rien, le machisme s'en mêle, sa popularité s'effondre, les difficultés sérieuses se multiplient : banlieues, insécurité, infirmières, agriculteurs, « affaire Habbache », moins de 19 % des voix aux cantonales pour le PS. Tombé à 21 % de popularité – son niveau le plus bas –, la mort dans l'âme et la rage au cœur, François Mitterrand est contraint le 2 avril 1992, après moins de onze mois, de demander à Édith Cresson sa démission. Il fait alors appel à Pierre Bérégovoy dont il connaît la compétence et la loyauté.

"En nommant Pierre Bérégovoy, j'ai pensé qu'il était possible de redresser la situation, mais pas de renverser totalement la tendance."
François Mitterrand à Pierre Favier

Fort de sa réussite comme ministre des Finances, Pierre Bérégovoy veut agir avec une volonté sans faille pour lutter contre le chômage et contre la corruption (ci-dessus, présentant à l'Assemblée son projet de loi anticorruption, le 13 octobre 1992).

Bérégovoy, finalement

Quoique amer d'être nommé trop tard, « Béré », comme toute la presse l'appelle, s'efforce de restaurer la crédibilité du PS avant les élections de mars 1993, moins d'un an plus tard, bien que le climat à gauche soit au pessimisme. Converti, depuis qu'il a été ministre des Finances, à la « désinflation compétitive » et à la modernisation du capitalisme, il est salué par la presse comme un « Pinay de gauche ». Par ailleurs, ancien antimilitariste, il annonce l'interruption des essais nucléaires. Mais lui non plus ne connaît aucun moment de répit. Bernard Tapie, qu'il nomme ministre de la Ville, doit démissionner. Il s'inquiète du recours au référendum pour Maastricht. Il affronte la mobilisation des transporteurs routiers contre le « permis à points ». Et l'officialisation du cancer de la prostate dont souffre le président. Et surtout il est l'objet d'un harcèlement médiatique incessant quant au prêt d'un million de francs sans intérêts qu'il a reçu de Roger Patrice Pelat quelques années auparavant, ce qui le mine.

Aux obsèques de Pierre Bérégovoy à Nevers le 4 mai 1993, le président (ci-dessous, aux côtés de Gilberte Bérégovoy et de Danielle Mitterrand), blême, bouleversé, dénonce très durement ceux qui ont « livré aux chiens l'honneur d'un homme ».

Le 21 mars 1993, le Parti socialiste ne recueille que 15,50 % des suffrages et 57 élus puisque le scrutin majoritaire a été rétabli, un résultat bien pire que les prévisions. Le 24 mars, au dernier Conseil des ministres du gouvernement Bérégovoy, avant de serrer la main à chacun des ministres, très émus, François Mitterrand leur dit avec gravité : « Poursuivez la lutte. Je le ferai à ma manière. » Jusqu'à la fin de son mandat il devra coexister avec un gouvernement de droite. Il reste seul à l'Élysée avec ses collaborateurs. Le 29 mars, le président appelle Édouard Balladur à Matignon.

Tragiquement convaincu, à tort, d'être le responsable de l'échec du Parti socialiste, Pierre Bérégovoy se suicide le 1er mai, à Nevers, sur les bords d'un canal.

La seconde cohabitation

François Mitterrand et Édouard Balladur ont peu en commun, hors un passage au « 104 ». Mais les règles de la cohabitation ont été fixées en 1986-1988 à l'avantage du président, et les affrontements, cette fois-ci, ne relèvent pas du catch. Le pays vit déjà dans l'attente de la présidentielle. La gauche attend Jacques Delors. La droite est de plus en plus déchirée par l'affrontement Balladur-Chirac. Les rapports François Mitterrand-Édouard Balladur sont courtois et froids. Selon ce dernier, le président « se rallie à ses vues » sur la dévaluation du franc CFA – François Mitterrand impose des accompagnements –, sur

La seconde cohabitation diffère de la première (à droite, François Mitterrand et Édouard Balladur ensemble aux cérémonies du 11 novembre 1994). Il est clair que François Mitterrand ne se représentera pas. Et l'adversaire d'Édouard Balladur à la présidentielle est Jacques Chirac. Cela n'empêche pas une lutte de pouvoir feutrée, mais réelle, à tel point que certains prétendent qu'au bout du compte le président préférait voir Jacques Chirac élu. Interprétation indémontrable.

Sur le monument édifié à l'emplacement de l'ancien Vél' d'hiv', François Mitterrand fait inscrire en juillet 1994 : « La République française, en hommage aux victimes des persécutions racistes et antisémites et des crimes contre l'humanité commis avec la complicité du gouvernement de Vichy, dit "gouvernement de l'État français" ».

les négociations du GATT – en fait ils copilotent –, sur la recherche de contrats en Chine. Mais sur la reprise des essais nucléaires, qu'Édouard Balladur juge « indispensables », ils s'affrontent durement. François Mitterrand impose son refus.

Le 17 juillet, François Mitterrand instaure une commémoration nationale des victimes de la rafle du Vél' d'hiv'. Le 24 octobre, Michel Rocard est élu premier secrétaire du PS.

De nombreux livres sont annoncés concernant les, ou la dernière année du président Mitterrand

à l'Élysée dans une atmosphère assombrie par le suicide, le 7 avril, dans son bureau du palais présidentiel, de François de Grossouvre, vieux compagnon devenu amer et dépressif, par la vive polémique sur les écoutes téléphoniques, par les progrès épiés et scrutés de la maladie du président, et par la parution du livre de Pierre Péan *Une jeunesse française*. L'enquêteur retrace les premiers pas de François Mitterrand, son arrivée avant-guerre à Paris comme étudiant, son passage à Vichy, sa captivité, la Libération, les débuts de la IVe République.

Le livre de Pierre Péan révèle des faits bien connus des historiens et des contemporains, mais pas des jeunes journalistes ou militants. « Publié en 1950, à propos d'un jeune notable de la République, écrira Jean Lacouture, l'ouvrage eût été loué pour son sérieux et rangé dans les bonnes bibliothèques ». Mais François Mitterrand est président. Pour s'expliquer sur son passage à Vichy, il répond aux questions de Jean-Pierre Elkabbach dans une émission pénible, le 12 septembre 1994 (ci-contre), quelques semaines après une seconde opération. Il y est déconcertant et bouleversant, mais la polémique ne cesse pas pour autant.

Le Rwanda

Le 6 avril 1994, l'avion transportant les présidents « hutus » du Rwanda et du Burundi est abattu en atterrissant à Kigali. Près de trois ans avant, en octobre 1990, François Mitterrand a estimé que s'il laissait les Tutsis de l'extérieur, anciens maîtres du pays, armés et équipés par l'Ouganda, s'emparer du pouvoir au Rwanda par la force, de terribles massacres de Tutsis de l'intérieur par les Hutus au pouvoir s'ensuivraient et que la garantie donnée par la France aux pays africains pour leur intégrité territoriale

Bill Clinton, nouveau président américain, et François Mitterrand lors de la commémoration du débarquement en Normandie en juin 1994.

(par exemple au Tchad face à la Libye) s'effondrerait. Sa réaction a comporté deux volets indissociables : aider l'armée rwandaise, par de l'armement et des instructeurs, à tenir la frontière avec l'Ouganda contre les attaques répétées du Front patriotique rwandais (FPR) de Kagamé, chef des Tutsis réfugiés en Ouganda ; et obliger les Hutus au pouvoir à Kigali, quoiqu'ils fussent très largement majoritaires, à hauteur de 85 %, à partager le pouvoir avec les Tutsis.

Cette politique française, combattue par les extrémistes des deux camps, qui ont tout à perdre à son succès, semblait l'emporter avec des accords acceptés par le président Habyarimana et signés dans la ville d'Arusha. C'est elle que visent les auteurs de l'attentat. Celui-ci est suivi de massacres de Tutsis dans tout le pays et d'un véritable génocide. Les forces du FPR s'emparent de Kigali. Après avoir fait vainement appel, à l'ONU, aux autres grands pays, le président et le gouvernement Balladur se résolvent, le 23 juin, à envoyer seuls une force « Turquoise » pour protéger les populations et les victimes potentielles. Au bout du compte, le génocide fera, selon les estimations, entre cinq cent mille morts et un million.

La politique française fait l'objet d'attaques d'une extrême violence, certains allant jusqu'à accuser la France de complicité délibérée ! Les responsables français répondent qu'au contraire, même s'ils ont échoué, ils n'ont agi que pour prévenir le retour des massacres.

Pour prévenir l'affrontement Hutus-Tutsis, constant depuis des décennies et qui a dégénéré en 1994 en génocide, il aurait fallu que la France disposât de plus de moyens de pression sur les forces hutus, mais aussi le FPR des Tutsis de l'extérieur et l'Ouganda qui lui apportait le soutien de son armée (ci-dessus, camps de réfugiés à Niqshishi dans le cadre de l'opération Turquoise).

Derniers mois à l'Élysée

Après sa deuxième opération, le président sort de l'hôpital Cochin, le 23 juillet 1994. Autour de lui, le professeur Steg, le docteur Gubler, le professeur Bernard Debré.

Chacun se demande dans ces derniers mois si le président pourra tenir jusqu'au terme de son mandat ou s'il perdra avant l'échéance cet « honorable combat à mener contre soi-même » dont il avait parlé en sortant de Cochin en septembre 1991. Le beau jeune homme brun, le président au profil de médaille est devenu un vieillard au visage marmoréen et épuré, à l'esprit toujours étincelant et au prestige immense, à la conversation incomparable, mais qui sent le temps s'écouler et qui souffre. Ses rapports se tendent avec Édouard Balladur, qui prépare son affrontement avec Jacques Chirac. On scrute les signes, et les préférences du vieux président. Le 10 novembre, *Paris Match* publie des photos de Mazarine, révélant son existence au grand public. Le 11 décembre, Jacques Delors annonce qu'il ne sera pas candidat, comme François Mitterrand le prévoyait. Le président s'adresse aux socialistes en congrès à Liévin. Le 18 janvier, Édouard Balladur rend publique sa candidature. Le 5 février, Lionel Jospin est choisi comme candidat par les socialistes. François Mitterrand annonce qu'il votera pour lui. Le 30 mars, le président inaugure la Très Grande Bibliothèque, le dernier de ses grands travaux.

L'hebdomadaire *Paris Match* révèle l'existence et le visage de Mazarine, fille de François Mitterrand et d'Anne Pingeot.

Le président inaugure la Très Grande Bibliothèque (TGB [à droite]), qui sera rebaptisée plus tard bibliothèque François-Mitterrand. À sa droite, Jack Lang; à sa gauche l'architecte de la TGB, Dominique Perrault, et Jacques Chirac, alors maire de Paris; à l'arrière-plan, une des quatre tours en forme de livre ouvert.

❝Dans toute ville je me sens empereur ou architecte, ce qui revient au même, je tranche, je décide, j'arbitre. […] Paris me plaît changeante.❞
La Paille et le Grain

Même s'il disait que son rythme intérieur était « paysan », François Mitterrand aimait les villes : Venise, New York, Paris « infiniment ». Il a voulu pour elle une politique de grands travaux et mené un dialogue personnel avec chaque architecte choisi par lui (Ieoh Ming Pei) ou par les jurys. Il a confirmé, en 1981, l'Institut du Monde arabe décidé par Giscard (architecte Jean Nouvel); voulu les concours du nouveau ministère des Finances à Bercy (architecte Paul Chemetov [II]), de la Cité de la musique (architecte Christian de Porzamparc), de l'Opéra Bastille (architecte Carlos Ott [III]), de la Grande Arche de la Défense (architecte Otto von Spreckelsen [ci-contre]) de la Très Grande Bibliothèque (architecte Dominique Perrault [I]). Fait appel à Jean-Michel Wilmotte pour les appartements privés de l'Élysée, à Gae Aulenti pour le musée d'Orsay. Suscité des grands travaux en province, comme le musée du Mont Beuvray. Et bien sûr protégé contre toute remise en cause le projet du Grand Louvre et la Pyramide de Pei (VI-VII).

Le 7 mai, Jacques Chirac est élu président avec 52,70 % des voix contre 47,30 % à Lionel Jospin. Avant de quitter l'Élysée le vieux président exténué fait encore l'effort d'aller à Berlin, et à Moscou, pour la commémoration de la fin de la guerre. Le 17 mai 1995, après cinq mille cent dix jours à l'Élysée, il passe le relais à Jacques Chirac. Il a la fierté d'avoir inscrit l'alternance dans la durée et d'être le seul président de la République à avoir accompli deux septennats. À un moment ou à un autre, successivement ou simultanément, il a incarné presque toutes les facettes de la France, en dehors des extrêmes, sa richesse, ses contradictions, et finalement, son unité. Lors de ses derniers vœux aux Français, il a dit : « L'an prochain, ce sera mon successeur qui vous exprimera ses vœux. Là où je serai, je l'écouterai le cœur plein de reconnaissance pour le peuple français qui m'aura si longtemps confié son destin... »

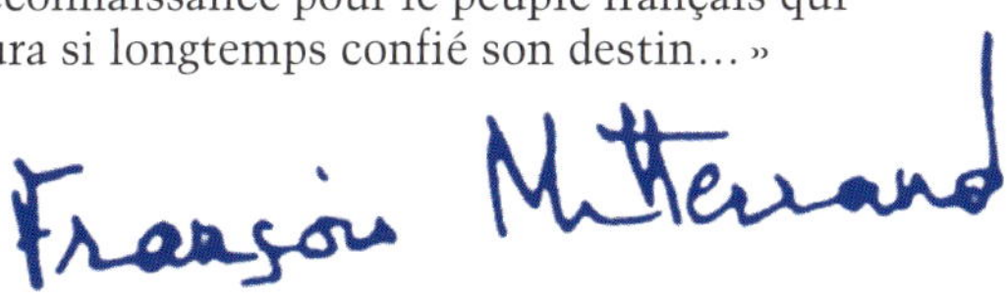

En haut des marches du palais, le 17 mai 1995, le président François Mitterrand attend le nouveau président de la République. À ses côtés, Hubert Védrine, secrétaire général depuis 1991. Le nouveau secrétaire général est Dominique de Villepin.

« Cinquante ans de vie politique, c'est beaucoup [...] beaucoup d'affrontements avec la réalité, la réalité rêvée et la réalité réelle. Et cependant il faut préserver à travers tout ce temps ce qu'on estime être sa propre permanence. »
Liévin, novembre 1994

[Le chef de l'État posant pour le photographe Yann Arthus-Bertrand.]

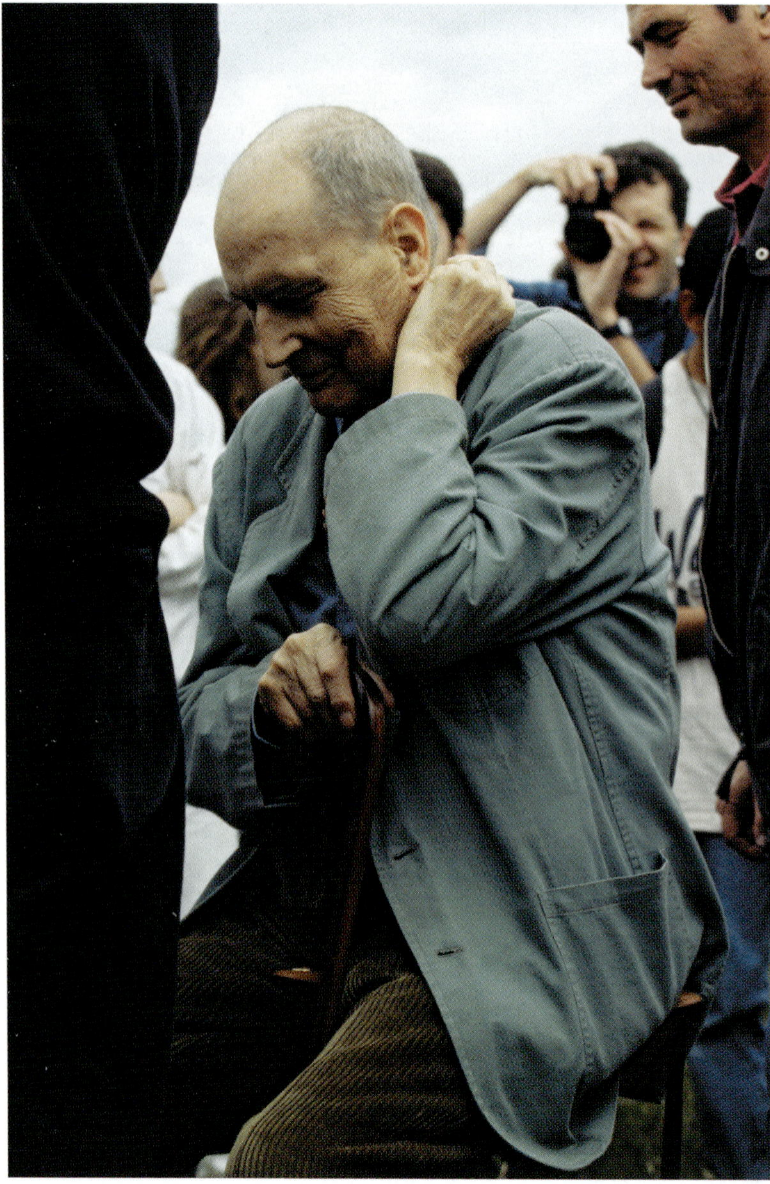

Les derniers mois de François Mitterrand, scrutés et relatés comme ceux d'un souverain, sont orchestrés par lui. Le 17 mai, quittant l'Élysée, il se rend directement au siège du Parti socialiste, 10, rue de Solferino. Il confie aux socialistes présents qu'il part « sans amertume et sans regret ». Puis il va rue de Bièvre et enfin avenue Frédéric-Le Play, où il va passer ses derniers mois.

CHAPITRE 6

APRÈS...

Une dernière fois, c'est le rite quarantenaire de l'ascension de Solutré (à gauche). Malgré son épuisement et sa souffrance, François Mitterrand essaie de parvenir jusqu'au sommet de la roche : « De là j'aperçois mieux ce qui va, ce qui vient, et surtout ce qui ne bouge pas. » Au retour, il sourit des plaisanteries de Roger Hanin (ci-contre, de dos). Derrière lui, ses petites-filles, Justine et Pascale, et Gilbert Mitterrand).

Le promeneur du Champ-de-Mars : François Mitterrand avec le docteur Tarot (ci-contre). Le docteur Gubler a été longtemps le médecin de la famille Mitterrand. À la fin, le président a eu recours au docteur Kalfon, médecin militaire, puis à Jean-Pierre Tarot. Ce dernier, spécialiste du traitement de la douleur, sera auprès de lui pendant la dernière nuit. Avec Marie de Hennezel, il parlait de « comment mourir ? » ou plutôt de comment vivre jusqu'au bout ? Ci-dessous, François Mitterrand à Belle-Île en septembre 1995.

Avenue Frédéric-Le Play

Christiane Dufour et Joëlle Jaillette, Jean Kahn, Bernard Latarget, Dominique Bertinotti l'assistent dans cet appartement du VIIe arrondissement mis à la disposition par la République, sa dernière résidence, logement et bureau en même temps. Michel Charasse, Roland Dumas, André Rousselet, Anne Lauvergeon sont conviés très souvent à passer le voir, ou à le rejoindre au restaurant, d'autres de temps en temps.

Il lutte contre la maladie qui progresse inexorablement. Rassemblant ses forces, il lit, médite, reçoit, travaille sur des manuscrits, marche parfois au Champ-de-Mars avec le docteur Tarot, échange quelques mots avec des promeneurs qui le saluent.

Puis ce sont les derniers rites, les dernières visites. Solutré à la Pentecôte, et Cluny, ce qui l'épuise, Vézelay, Château-Chinon. Il va chez son frère Jacques. Chez ses fils. Chez Jean Glavany. Chez Michel Charasse.

À Venise, avec Anne Pingeot, chez leur ami le peintre Music. En août à Latche. Il y travaille à un dialogue avec Georges-Marc Benamou et à un autre livre, sur l'Allemagne. De retour à Paris, il reçoit Jean Lacouture, qui a entrepris sa biographie. Le 15 septembre paraît le livre de Marie de Hennezel, *La Mort intime*, auquel il a donné une préface émouvante.

Courant septembre, il va à Belle-Île. Début octobre, il fait l'effort de se rendre pour trois jours à Colorado Springs, pour une réunion d'anciens dirigeants sur la réunification allemande. Il y est accueilli par George Bush, et y retrouve Mikhaïl Gorbatchev, Helmut Kohl, Margaret Thatcher et Brian Mulroney. De retour à Paris, il reçoit Jean-Pierre Elkabbach, Laure Adler, Georges Beauchamp, son vieil ami, Claude Estier, Jack Lang, Jean Daniel, Valéry Giscard d'Estaing, Raymond Barre, Mario Soares, d'autres encore.

Il va aussi chez André Rousselet, à Beauvallon. Il réfléchit à son lieu de sépulture : au mont Beuvray ? À Aubetterre-sur-Dronne, près de Touvent ? À Jarnac ? Ce sera Jarnac.

La fin

Le 24 décembre, avec Anne et Mazarine, les Rousselet et les Tarot, il part pour l'Égypte, pays auquel il s'est tant attaché, à Assouan, à l'hôtel Old Cataract, à l'invitation du président Moubarak, comme à chaque Noël depuis quelques années. Le 29, il est ramené à Latche, épuisé. Il assiste brièvement au dîner de réveillon auquel participent Danielle et ses fils, Roger Hanin et Christine Gouze-Rénal, les Emmanuelli, les Munier, les Lang ainsi que Pierre Bergé et Georges-Marc Benamou.

C'est la fin. Le 2 janvier, il est de retour avenue Frédéric-Le Play. Il voit Anne et Mazarine, Jean-Christophe, Danielle, Jean Munier, Michel Charasse, André Rousselet.

Avant même de prendre l'habitude de passer Noël en Égypte à Assouan, François Mitterrand (ci-dessous, à Assouan sur les bord du Nil, Noël 1995) se passionne pour l'Égypte, pour Le Caire, sa cité des Morts, pour Alexandrie, pour le Nil, pour Ramsès II et les temps pharaoniques, pour leur culte des morts. Il lit et relit le *Livre des morts* et s'interroge sur l'« incroyable » perte pendant des

siècles de la mémoire des hiéroglyphes. Il avait connu Sadate. Il étonnait Moubarak, qui le faisait rire en lui racontant des blagues égyptiennes, par sa connaissance des pharaons. « Leur histoire m'émerveille, leur présent me passionne », dit-il des Égyptiens à Marguerite Duras en 1985.

Il meurt à l'aube du 8, à 79 ans. À 11 heures, le président Chirac vient lui rendre hommage.

Le 10 janvier au soir, place de la Bastille, Barbara Hendricks chante *Le Temps des cerises*. Le 11, jour de deuil national, deux messes sont dites à la même heure : l'une solennelle à Notre-Dame – où des larmes coulent sur le visage de Helmut Kohl, au son du *Requiem* de Duruflé – et une à Jarnac. « Une messe dans l'église de Jarnac est possible », a-t-il écrit dans le testament remis à André Rousselet. De retour à Jarnac, Mitterrand parmi les Mitterrand, il est enterré au cimetière des Grandes-Maisons, dans le caveau des Lorrain.

Embarras des héritiers socialistes

Quand François Mitterrand meurt, c'est Henri Emmanuelli qui est premier secrétaire du PS. C'est lui qui l'avait accueilli à Liévin. Mais il cède sa place à Lionel Jospin, qui l'a déjà occupée de 1981 à 1988 et qu'imposent logiquement ses 48 % à la présidentielle de 1995. Sa relation à François Mitterrand est forte et complexe, de Metz en 1979 et de l'adoubement de Créteil en 1981, jusqu'à la déception de 1984

Les trois hommages à François Mitterrand. À la Bastille, le 10 janvier au soir, le rassemblement populaire (ci-contre). À Jarnac (page de gauche), les adieux de la famille et des amis. De gauche à droite : ses deux petites-filles, Danielle Mitterrand, Jean-Christophe Mitterrand, Anne Pingeot, Mazarine Pingeot, Roland Dumas, Christine Gouze-Rénal, Gilbert Mitterrand, Robert Badinter, Roger Hanin, Élisabeth Badinter. À la même heure, à Notre-Dame, l'hommage officiel en présence du président de la République et Mme Chirac et de nombreux chefs d'État du monde entier (ci-dessous).

face au choix de Fabius, l'âpreté du combat du congrès à Rennes contre la volonté de François Mitterrand d'imposer Laurent Fabius, le désenchantement de la période *Une jeunesse française* (« on aurait rêvé d'un itinéraire plus clair »), sa revendication d'un droit d'inventaire, les embarras et agaceries de sa campagne de 1995. Mais dans son bureau, à Matignon, en 1997, Lionel Jospin placera une photo où on voit ensemble, souriants et confiants, le vieux président et lui. Et à Jean Lacouture, il résumera ses sentiments par le mot de « gratitude ».

Michel Rocard et les rocardiens ont combattu sa ligne et sa personne. Il les a combattus et battus. Et parfois impressionnés. Tous les autres lui doivent entre beaucoup et tout. Certains l'admettent. Laurent Fabius, le fils préféré rejeté par bien des socialistes, celui qui a dit « lui c'est lui, moi c'est moi », a écrit des pages pénétrantes sur son « ambivalence », qu'ont exécrée les manichéens. Jean-Pierre Chevènement a parlé de relation « ineffaçable ». À part les inconditionnels et les grognards, plus nombreux au fil du temps à l'extérieur du Parti socialiste qu'à l'intérieur, presque tous ont été, à un moment ou à un autre, partagés sur François Mitterrand. Sur sa culture initiale de droite, Vichy, la IVe, sa « cour », son relativisme politique, son entière liberté, telle ou telle « affaire », tel ou tel de ses amis… Pas tout à fait socialiste, ou alors d'une façon qui lui était particulière. Bien que Jospin ait dit à Jean Lacouture en 1998 : « On a dit qu'il parlait socialiste plus qu'il ne l'était. Alors, il le parlait bien ! »

Certains socialistes regrettent peut-être encore la pureté et l'irresponsabilité de l'opposition. Mais François Mitterrand a fait du Parti socialiste un grand parti de gouvernement et, à moins de se saborder, celui-ci ne peut revenir en arrière ! Ses dirigeants savent ce qu'ils

« ÉLIE WIESEL : Est-ce votre présent qui vous préoccupe, ou l'avenir immédiat ? Y pensez-vous ?
FRANÇOIS MITTERRAND : Non. De même que Willy Brandt a fait inscrire comme épitaphe sur sa tombe cette très belle devise, je dirai « J'ai fait ce que j'ai pu ». »
Mémoires à deux voix

« Une chose me préoccupe : l'opinion, non pas de mes contemporains, mais des historiens futurs. Je ne suis pas hanté par l'Histoire, mais il est vrai que je ne suis pas insensible à cette idée. »
Mémoires à deux voix

Un profil pour l'Histoire : page de droite, portrait de François Mitterrand par Bryan Organ en 1984, et ci-dessous, dessin de Plantu.

lui doivent. Parfois, cela leur pèse. Il y aura toujours des esprits de gauche pour souhaiter un leader qui gagne les élections comme Mitterrand, et gouverne comme Mendès tout en durant comme Mitterrand. Toujours des esprits purs pour se défier des compromissions du pouvoir. Éternels dilemmes.

Alors, chaque année, dépassant ces sentiments mêlés, les socialistes se souviennent, le 8 janvier ou le 10 mai, de ce qu'ils ont préféré en lui. Mais lors de la campagne du référendum du 29 mai 2005 sur le traité constitutionnel européen et après, les uns et les autres et jusqu'aux plus jeunes, redécouvrent François Mitterrand. Partisans du oui et du non l'invoquent tour à tour à l'appui de leurs thèses, même ceux qui l'avaient attaqué sans retenue en 1994-1995. Il règne à gauche une lancinante interrogation et un malaise sur le volontarisme politique à l'heure de l'économie mondiale de marché et de l'Europe élargie. François Mitterrand a laissé le souvenir d'une virtuosité manœuvrière inégalée au service d'une vision inspirée mais n'a pas légué de recette aisément applicable aux temps nouveaux. Mais qui l'a fait parmi tous les autres dirigeants de gauche à l'époque de la mondialisation ?

Pêle-mêle. Sélection de souvenirs (pages suivantes). Des lieux : Latche, Solutré, Vézelay, Aulnay de Saintonge, Hossegor. Des familles, des compagnons, des proches : François Mitterrand, Danielle, Jean-Christophe, Gilbert, Mazarine, Roger Hanin, Marguerite Duras, Gaston Defferre, Michel Charasse, Georges Kiejman, Frère Roger de Taizé... Des objets, des animaux familiers : les chênes, les ânes, le labrador ; les globes terrestres de Fernand Pouillon, les drapeaux d'Arman, les stylos...

Une classe politique impressionnée

Dans la classe politique en général, les sentiments sont intenses et variés. Des communistes gardent le souvenir de l'homme de l'Union de la gauche, moins du stratège qui les a laminés.

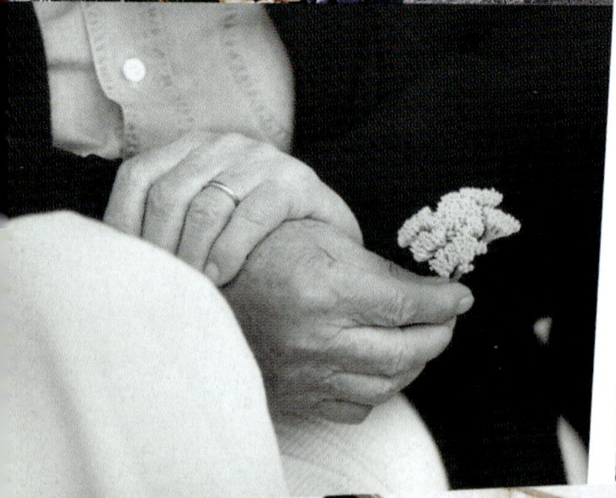

CRÉDIT
AGRICOLE

Il y a à droite des réfractaires, il y en a toujours eu, violents, parfois haineux, mais rares sont ceux parmi les ministres de droite des deux premières cohabitations à ne pas avoir ressenti à un moment son emprise, tout en s'en défendant. Le virtuose de la conquête, de l'exercice, de la conservation du pouvoir et des rapports humains continue à impressionner les professionnels de la politique, à tous les niveaux, en France et ailleurs.

Même trace chez les dirigeants étrangers dont les Mémoires et les souvenirs paraissent peu à peu, avec une focalisation logique sur les quatorze années de la présidence et ses grands événements européens et internationaux, bataille des euro-missiles, Maastricht, développement, chute de l'URSS, revendications allemandes, Yougoslavie, guerre du Golfe.

Les derniers mois de sa vie, les mois et les années qui suivirent sa mort voient fleurir les ouvrages sur le président et son action. Critiques, louangeurs, analytiques, anecdotiques, conceptuels ou sentimentaux.
Parmi eux et ci-dessus : *Le Vieil Homme et la Mort* de Franz-Olivier Giesbert, *Mitterrand, Une histoire de Français* de Jean Lacouture, *La Décennie Mitterrand* de Pierre Favier et Michel Martin-Roland.

Polémiques

Certaines polémiques rebondissent par à-coups. Sur les écoutes téléphoniques, sur la période de Vichy, mais avec progressivement une restitution plus honnête du contexte historique – même Serge Klarsfeld a fini par estimer « honorable » son parcours – et sur René Bousquet. L'affaire des fuites est justement oubliée. Celle de l'Observatoire n'intéresse plus que des historiens spécialisés. La période algérienne, dans son ensemble, sera sans doute rediscutée. Sur son bilan présidentiel, chercheurs et spécialistes travaillent toujours, discutent, organisent des colloques et publient.

Les polémiques sur la politique étrangère du second septennat, Allemagne, Yougoslavie, se sont refroidies. Celle sur la réunification allemande a été sérieusement recadrée avec la parution d'ouvrages sérieux, allemands ou français – Tilo Schabert, Frédéric Bozo – qui corrigent en profondeur et en positif l'interprétation du moment des médias français et des opposants.

En revanche, elles restent ouvertes sur l'Afrique, et vives sur l'échec de la politique française au Rwanda. La politique de François Mitterrand au Proche-Orient, pourtant très audacieuse, prémonitoire dès 1982, objet de vives polémiques après qu'il eut reçu Arafat à Paris en 1989, n'est plus guère contestée, tant ses grands principes, la sécurité d'Israël, l'État palestinien, ont été repris par tous.

Michel Bouquet, après être « rentré » dans le personnage, livre ses réflexions : « Mitterrand a été dans sa ligne et dans son temps, il a été là où se faisait la politique, là où il pensait être utile ! [...] C'est beau un être rempli de contradictions ! »

La grande opinion

Chaque fois qu'ils sont interrogés, les Français placent haut François Mitterrand parmi les personnalités françaises ou les présidents de la Ve : après de Gaulle, mais nettement devant les autres présidents. Sa figure politique et personnelle impressionne toujours, et si l'opinion ne pinaille pas, c'est sans doute qu'elle a ressenti intimement le romanesque de sa vie et de sa mort et son courage face à la maladie. Comme ceux d'une sorte de roi républicain. C'est ainsi qu'elle reste sensible aux heurs ou aux malheurs de Danielle, de Jean-Christophe, de Gilbert et de Mazarine, Anne Pingeot se tenant dans l'ombre. Et qu'elle a fait bon accueil à la mise en scène de Robert Guédiguian et à l'interprétation de Michel Bouquet dans *Le Promeneur du Champ-de-Mars*. Et qu'elle s'interroge sur le devenir des socialistes.

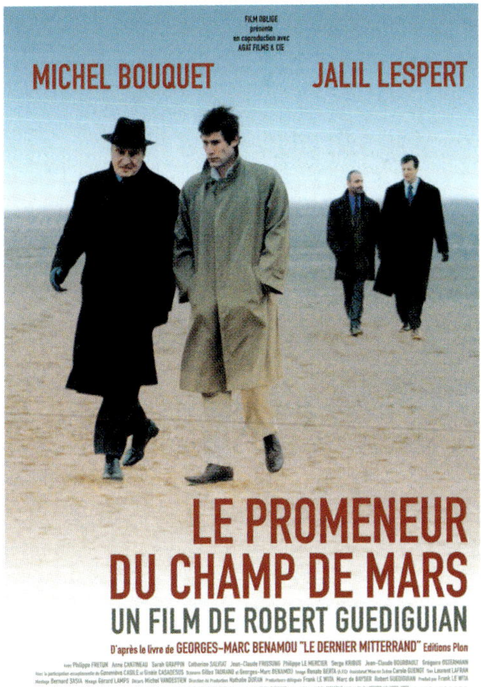

La vie de François Mitterrand : une extraordinaire ligne de vie, un grand roman français qui a épousé et modelé un demi-siècle, et aura marqué d'autant plus les Français qu'ils ne sont plus sûrs de ce que sera la France ni de ce qu'ils seront, eux, dans le monde qui vient.

« Je ne vous quitterai pas. Je crois aux forces de l'esprit. »
Derniers vœux aux Français, 1er janvier 1994

[François Mitterrand à Belle-Île, en septembre 1995, page suivante.]

TÉMOIGNAGES ET DOCUMENTS

La France et les Français par François Mitterrand

François Mitterrand a souvent parlé de la France, de sa géographie, de son histoire « millénaire », de ses habitants. «Ne séparez jamais la grandeur de la France de la construction de l'Europe», disait-il souvent. Une même passion relie ces textes à plus de cinquante ans d'intervalle.

« Attenter à cette merveille d'équilibre »

Un Français viscéralement incapable d'accepter l'occupant :

La France s'est bâtie autour de quatre fleuves et de quelques montagnes qui n'étaient même pas de véritables frontières. Elle était fille du sol, de l'eau, de la géométrie, avant de donner aux hommes l'image de l'harmonie. C'est le seul pays d'Europe qui puisse se dire œuvre de la nature, plutôt que fruit de l'ambition et de l'imagination des hommes. Attenter à cette merveille d'équilibre me blessait, me bouleversait. Non que mon amour de la France fût d'abord esthétique, mais qu'un peuple sans formes, comme celui de l'Allemagne, ait pu s'en emparer et l'absorber comme une boursouflure me paraissait blasphématoire : qu'avaient à faire tous ces gens chez moi ? Leur accent m'irritait plus que leurs chars. Cette façon de commander, d'ordonner à la plus vieille nation du monde, eux qui n'avaient pas deux siècles derrière eux !... Que ma génération ait eu à subir cette épreuve m'était insupportable. Nous n'étions pas faits pour cela, nous qui avions grandi dans l'amour de la liberté et qui n'entendions plus que des accents de haine, l'expression d'une supériorité inventée, tirée de l'obscure aventure du sang.

Mémoires interrompus, Odile Jacob, 1996

« Le retour au pays natal »

Le 16 décembre 1941, François Mitterrand passe la ligne de démarcation. Récit lyrique dans le journal Métier de chef, *en 1943.*

Je n'étais pas fâché de la retrouver ainsi, ma France presque oubliée. J'avais imaginé je ne sais quels orages et jusqu'à la teinte des nuages, changée. Mais les fumées, les toits, les croisées, mais les terres quadrillées, les haies rectangulaires et les horizons purs, mais les hommes incurieux et froids, c'étaient bien ceux que j'avais quittés. Le retour au pays natal ! [...].

Et maintenant j'étais là qui m'efforçais, après deux ans d'absence, de reconnaître les émotions prévues, les constructions ébauchées. À vrai dire, je me forçais un peu et, sur chaque détail, je butais : la route, les arbres, les villages, la vallée coupée net par les coteaux parallèles, les joncs signaleurs des cours d'eau enfouis ne marquaient pour la solennelle rencontre qu'une magnifique indifférence. Mais que les miens m'accueillent avec cet air insouciant, je n'espérais pas plus chère preuve d'amitié.

in Pierre Péan, *Une jeunesse française, François Mitterrand 1934-1947*, Fayard, 1994

L'amour de l'Histoire de France

L'Histoire de France me possédait, j'aimais ses héros, ses fastes, et les grandes idées venues d'elle qui avaient soulevé le monde. J'avais la conviction, depuis l'enfance, que j'aurais à la continuer. [...]

De l'Histoire de cette nation, la mienne, j'invoquais ces grands témoins sans lesquels la France eût été malléable, défigurée. J'ai cité Vauban parce qu'il me paraissait le plus grand : celui qui construit, qui défend, qui bouche les brèches, qui contient les humeurs des peuples, qui bloque les migrations au moyen d'une science parfaite et belle. J'aimais que ce maréchal de France de petite noblesse eût grandi sous Louis XIV pour finir par lui faire la leçon, modèle de science oui, mais de vertu aussi. J'ai aimé Charles V qui était partout à la fois où l'on battait nos portes, les fantaisies de Louis XI me déplaisaient, m'exaspéraient et redresseur de tort je restituais à Charles VII ce que nous lui devions, la naissance d'un État moderne. Ah ! Cela lui aura coûté cher, le cousinage de Jeanne d'Arc. Et d'autres encore, Turenne, un peu traître quand même à ses heures, Maurice de Saxe, plus allemand que nature. Et Danton, et Carnot, ces deux pics de la Révolution. Danton était peut être pourri, mais son « audace, encore de l'audace et toujours de l'audace » rachetait toutes les faiblesses françaises.

Mémoires interrompus, Odile Jacob, 1996

« Qu'est-ce que c'est, les Français ? »

À Marguerite Duras qui l'interroge sur les Français, François Mitterrand répond :

F. M. – Je crois que la France continue d'être un pays marqué par le temps où notre pays était habité par les Celtes. Et cet élément a finalement dominé les autres. Les Français sont encore comme il y a deux mille ans. Malgré les invasions, les immigrations de toutes sortes. Ce qui fait qu'on peut être tout à fait optimiste pour la France, devant cette faculté d'assimilation, d'absorption des peuples qui viennent chez elle. On le voit bien pour les immigrés d'aujourd'hui : une seule génération suffit pour qu'ils s'intègrent. Au lieu de compter par soustraction, c'est toujours une addition. [...] On a tous les défauts des Celtes, parfois leurs qualités, ce côté un peu agité, contradictoire, révolutionnaire d'un peuple conservateur ; oui, tout cela se trouve déjà dans les débats et les disputes entre les tribus qui venaient disputer à Vercingétorix sa primauté. [...]

F. M. – Les Français sont des Gaulois, et les Gaulois étaient des paysans.

M. D. – C'est-à-dire que les Français sont des paysans.

F. M. – Oui, c'est une vieille race paysanne. Regardez, maintenant il n'y a plus que 8 % de population paysanne, ce sont ces 8 % qui inspirent les façons d'être et de penser de la majorité de la population.

M. D. – La France est un pays souvent envahi et quelques fois complètement envahi.

F. M. – C'est un pays qui absorbe. [...]. Et de ce qu'il absorbe il fait quelque chose d'original. [...] Vous savez, moi, je ne m'inquiète pas du tout des apports extérieurs de populations, je n'ai pas du tout l'impression que va s'échapper je ne sais quelle valeur – d'ailleurs vague – qui serait « l'âme française ». L'âme française, elle est faite de ça aussi, de ces apports. Elle a une force en tant que telle qui fait que les autres se fondent en elle, très vite. [...] La France a été généralement à droite, conservatrice. Parfois elle se prend de passion pour la gauche, quand ses besoins profonds sont trop desservis, contrariés par la société conservatrice. Alors les verrous sautent. Cela arrive de temps en temps, mais pas souvent.

Marguerite Duras-François Mitterrand,
Le Bureau de poste de la rue Dupin et autres entretiens,
Gallimard, 2006

Le résistant, récits de témoins

À part Michel Cailliau, neveu de De Gaulle, dont l'inimitié résistera au temps, tous les témoignages sur François Mitterrand, une fois qu'il a rejoint la Résistance, concordent sur son ascendant, son courage physique, son audace.

« Il s'imposait »

Philippe Dechartre, un gaulliste qui a découvert François Mitterrand dans la Résistance, est passé de l'aversion à l'estime.

J'allais, raconte Dechartre, à la rencontre d'un homme que je méprisais, sur l'ordre exprès de Cailliau-Charette qui se refusait à rencontrer lui-même ce « vichyste hostile à de Gaulle et à la Résistance ». Ce point de vue sur « Morland » était le mien. Pour nous, militants du MRPGD formés au stalag XI B sous le signe de De Gaulle, Mitterrand était le type même de ces vichystes qui, la victoire alliée se dessinant, tentaient de rejoindre enfin le camp des vainqueurs par la voie du giraudisme et d'une résistance tardive – et au surplus cherchaient à nous phagocyter ou à nous supplanter [...].

J'ai vu paraître sur le quai de la gare, entre 5 et 6 heures, dans une brume où se mêlaient la fumée des machines et les brouillards du Rhône – un vrai décor pour film de Carné –, un type pas rassurant, coiffé d'un chapeau sombre (mais n'était-ce pas un béret ou un bonnet ?), le cou serré dans une écharpe rouge (mais n'était-elle pas verte ?), sanglé dans un imperméable recouvrant mal des pantalons de golf, et avec des moustaches noires qui achevaient d'en faire un personnage de mauvais « polar », mi-inquiétant, mi-cocasse. Pire que l'idée que je m'en étais faite [...]

Et puis il a commencé à parler, et me voilà fasciné par une intelligence, une connaissance des problèmes et des rapports de force sans égale. Le ton d'un vrai « patron ». Une heure plus tard, j'étais conquis. Le passé n'était pas aboli. Morland restait sinon « maréchaliste », au moins « légitimiste ». Mais au présent, il s'imposait. Parmi tout ce qu'il m'a dit alors, et qui était d'une pertinence extrême, je retiens ce propos étonnant :

– Dites donc, Dechartre, vous les gobez, je crois, vous, les communistes ?

– Oui. Parmi ceux avec qui je travaille, je dois reconnaître que ce sont les plus sérieux, ceux sur lesquels on peut vraiment compter [...]

– Moi, je n'y arrive pas trop. Mais ce qui est clair, c'est qu'on aura besoin d'eux, au moment de prendre le pouvoir!

Philippe Dechartre, *in* Jean Lacouture, *Une histoire de Français*, tome 1, « Les Risques de l'escalade », Le Seuil, 1998

Le seul témoin direct de la rencontre Morland-de Gaulle

Henri Frenay, un des grands chefs de la Résistance intérieure, a défendu Mitterrand auprès de De gaulle et des gaullistes, tel Michel Cailliau :

Je ne partage absolument pas votre point de vue sur les sentiments que nourrit Morland à l'égard de la politique de

Vichy. D'ailleurs, il a vu lui-même le Général en ma présence, s'est entretenu avec lui de la manière la plus franche [...]. On ne peut donc pas dire que la décision prise ne l'a pas été en toute connaissance de cause [...]. Vous savez [...] que l'immense majorité du peuple français [...] a fait confiance au maréchal Pétain [...]. Vouloir refuser systématiquement de faire route avec ceux-là n'aboutirait en définitive qu'à isoler une poignée d'hommes (dont vous êtes et dont je suis) de la Nation [...]. Ce qui serait contraire à la volonté du général de Gaulle...

Henri Frenay, lettre à Michel Cailliau, le 18 mars 1944, *ibidem*

Un rude face-à-face

Pierre Merli, futur sénateur maire RPR d'Antibes, revient sur le récit que lui fit Morland de sa rencontre avec de Gaulle :

En arrivant près de la porte, je croisai un moustachu qui, sitôt que je l'eus dépassé, me héla : « Pierre ! » Marchant à ses côtés, j'écoutai le premier récit du face-à-face d'Alger : « Ça n'a pas été agréable [...] De Gaulle est prévenu contre nous par son neveu Cailliau [...] mais nous sommes reconnus. » De ces confidences, et de celles que je recueillis ensuite au sein du groupe, je conclus que l'entretien fut rude, mais pas négatif.

Pierre Merli, *ibidem*

« Un résistant très actif »

Edgar Morin , alors communiste, venu du réseau «Cailliau-Charette» témoigne :

Ce Mitterrand que j'ai rencontré en 1943 par le truchement de Robert Antelme et Georges Beauchamp, c'était un résistant très actif. [...] j'ai souvent eu l'occasion de juger Morland. Nous, communistes, qui étions plus prudents, plus respectueux des règles du cloisonnement, nous le jugions un peu téméraire. Mais le personnage s'imposait. J'ai resserré mes relations avec lui à l'occasion d'une affaire de trahison : nous étions persuadés que deux traîtres étaient responsables des affaires de l'avenue Charles-Floquet et de la rue Dupin. Je me vois encore tournant avec Morland autour du Panthéon. Faut-il les liquider? Il était porté à l'indulgence, mais capable d'assumer la rigueur [...] Je garde de lui, à cette époque, un grand souvenir, bien que je ne l'aie plus guère revu [...]

Edgar Morin, *ibidem*

« Nous l'appelions tous Morland »

Un des plus proches et plus fidèles lieutenants de François Mitterrand évoque les derniers mois de l'Occupation :

C'est par mon ancien camarade de lycée Robert Antelme que j'ai connu François Mitterrand en 1943. Aussi par Jacques Bénet. [...] Nous l'appelions tous Morland, le tenant pour notre chef. Il en assumait les responsabilités avec autorité et dynamisme. Au sein du MRPGD, j'ai été désigné comme le responsable, pour la région parisienne, de la lutte contre le STO, le service du travail en Allemagne. Nous appelions d'ailleurs ce type d'action le « Front intérieur allemand » [...]

Notre QG était situé 100, rue de Richelieu, l'ancien local du journal *Le Journal*, à la « direction de la main-d'œuvre » où avait été installée une petite salle de théâtre. C'est là que, sous prétexte de monter des spectacles – excellent pour les contacts –, nous organisions la lutte contre cette forme de déportation. Bon local pour des comploteurs : l'immeuble avait quatre issues [...].

Georges Beauchamp, *ibidem*

Entretien avec Élie Wiesel à propos de Bousquet

Au cours d'entretiens poursuivis de 1989 à 1994, François Mitterrand reconnaît être resté en deçà de ses ambitions et regrette de ne pas avoir fait tout ce qu'il aurait dû faire contre le chômage. Mais c'est sur Bousquet qu'Élie Wiesel veut absolument une réponse.

ELIE WIESSEL – Monsieur le Président, beaucoup de gens connaissent notre amitié. À la suite des révélations contenues dans plusieurs livres parus au cours de l'automne 1994, ils m'ont assailli de questions sur vos relations avec René Bousquet. Ces révélations ont en effet provoqué plus que l'incertitude – de l'angoisse.

Secrétaire général de la police du gouvernement de Vichy, René Bousquet a été l'interlocuteur privilégié des responsables de la police allemande en France sous l'Occupation, les tristes Knochen et Oberg. Il a été, sinon l'inspirateur, du moins l'organisateur des rafles antijuives, l'animateur d'une police française alors trop fortement dévoyée, le pourvoyeur des camps de la mort. Cela me trouble d'autant plus que je connais votre passé de résistant, votre courage attesté par votre action clandestine, votre attachement à la survie d'Israël et du peuple juif.

Alors tous ces gens ne comprendraient pas que je ne vous pose pas clairement et franchement ces questions. Pour que ceux qui vous aiment, ceux qui cherchent à vous comprendre, puissent vous retrouver, je voudrais maintenant de votre bouche des réponses aussi complètes que possible.

Étiez-vous au contact de René Bousquet pendant la guerre, après votre arrivée à Vichy ? Si oui, quelle était la nature de vos relations avec lui ? Étaient-elles commandées par les impératifs de votre action au service de la Résistance ?

Est-ce la raison pour laquelle vous avez maintenu des liens avec plusieurs des plus proches collaborateurs de René Bousquet, dont certains une dizaine d'années après la guerre, sont devenus les vôtres à votre propre cabinet, au ministère de l'Intérieur ?

FRANÇOIS MITTERRAND – Je vous réponds parce que c'est vous. Autrement je n'ai pas de compte à rendre à ces gens qui s'érigent en juges, on ne sait trop pourquoi. Je n'ai pas connu René Bousquet pendant la guerre. En revanche, j'ai été en 1942, 1943, 1944 en relation avec un fonctionnaire, un sous-préfet, Jean-Paul Martin, qui n'était pas l'un de ses collaborateurs, comme vous dites, mais celui du directeur général de la police, qui était lui-même un des subordonnés de Bousquet. C'était une époque extraordinaire, complexe et terriblement dangereuse. Il fallait des faux papiers qui aient l'air de vrais, mieux encore des cachets officiels pour franchir les contrôles, des amis sûrs pour se sortir d'un faux pas. Ces amis m'ont aidé dans mon action au service de la Résistance, comme ils en ont aidé d'autres. Vichy n'était pas un bloc, la Résistance intérieure non plus. Entre les deux, en fonction du temps, les frontières étaient parfois poreuses. Le combat contre l'occupant pouvait revêtir des formes diverses. C'est ainsi que Jean-Paul Martin nous a plusieurs fois informés de rafles, de perquisitions prévues pour les heures ou les jours suivants. Il a sauvé des vies. Je lui en suis toujours reconnaissant. René Bousquet était-il au courant? Je ne sais. en tous cas, je ne l'ai pas rencontré.

ELIE WIESSEL – Si, comme vous me le confirmez, après l'avoir indiqué aux différents historiens qui se sont intéressés à cette période, vous n'avez rencontré René Bousquet qu'en 1949, son passé était-il connu de vous ? Dans les grandes fonctions que vous avez occupées tout au long des années cinquante, vous disposiez de tous les moyens d'investigation et d'information.

FRANÇOIS MITTERRAND – Je savais que René Bousquet était au gouvernement de Vichy. Qu'il avait été préfet sous la IIIe République. Qu'après avoir quitté son poste à Vichy, il avait été déporté par les Allemands. Là s'arrêtait ma science.

Croyez-vous qu'un ministre, fût-il de l'Intérieur, dix ans plus tard, se fasse donner des fiches de police exhaustives sur tous ses visiteurs ? Ce n'est pas comme cela que les choses se passent. C'est une vue de l'esprit. Et puis, n'ayez pas la candeur de penser que les services compétents n'éprouvent pas, dans certains cas, la tentation d'expurger les fiches en question. Dans les années cinquante René Bousquet était un homme qui avait été blanchi par la Haute Cour de justice. Je vous rappelle que cette cour, qui a tout de même décidé de très nombreuses exécutions, l'avait condamné à cinq ans d'indignité nationale, mais l'avait aussitôt relevé de cette indignité pour faits de résistance. Je n'avais pas, moi, à me substituer aux juges, ni aux procureurs. J'ajoute qu'au cours des décennies qui ont suivi et jusqu'en 1978, date à laquelle le sinistre Darquier de Pellepoix l'a mis en cause pour sa participation à la rafle du Vél' d'hiv', René Bousquet était un personnage reçu non seulement dans les salons où je n'allais pas, mais membre de nombreux conseils d'administration où je n'étais pas, au sein desquels il siégeait aux côtés de personnalités éminentes qui semblent l'avoir oublié.

Il existait un consensus de respectabilité autour de René Bousquet. Il occupait, je crois, le poste de secrétaire général adjoint de la banque d'Indochine et il participait au conseil de direction du quotidien *La Dépêche du Midi*, dans lequel il m'arrivait d'écrire des éditoriaux et dont la réputation républicaine et patriotique n'était plus à faire.

François Mitterrand et Élie Wiesel
Mémoire à deux voix,
Odile Jacob, 1995

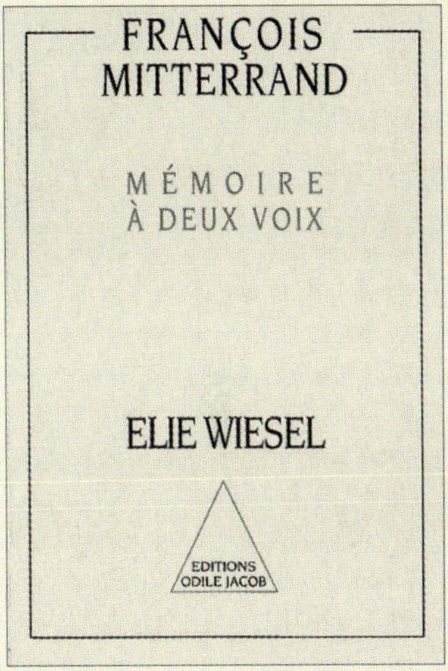

Acteur de la IVe République, opposant sous la Ve

Le François Mitterrand des années 1960, 1970, ministre, leader politique, opposant, élu local et parlementaire, fait l'objet de nombreuses appréciations. Exemples.

« Une accusation abjecte »

Au moment de l'«Affaire des fuites», dont est accusé à tort François Mitterrand, l'écrivain François Mauriac se porte «caution morale» du jeune ministre de l'Intérieur, d'abord en privé dans une lettre à son directeur du Figaro *le 19 octobre 1954 :*

«Je connais Mitterrand depuis vingt ans : c'est un garçon très intelligent, très ambitieux, qui ne doute pas que son destin soit d'être président du Conseil, mais aussi très patriote.

[...] Le guet-apens contre Mitterrand est, à mon avis, indéniable dès qu'on étudie le dossier [...]. Je suis sa caution morale, il m'a connu et admiré dès son adolescence. Il compte sur moi.

Un hommage public suivra quelques semaines plus tard dans le « Bloc-Notes » que l'écrivain tient dans L'Express *:*

François Mitterrand est sorti à son honneur de l'épreuve affreuse. Il a tenu tête avec calme, avec un excès de calme, il me semble, à un spécialiste des coups bas [...]. La haine inexpiable de ses adversaires le désigne comme l'un des chefs – il en faut plusieurs – de cette gauche française qui finira bien par se constituer [...].

Nous avons cette ambition pour Mitterrand. À ceux qui ont voulu l'abattre après l'avoir sali et qui ont misérablement échoué, il faut qu'il réponde en situant sa vie politique sur le plan le plus élevé.

François Mauriac *in* Jean Lacouture, *Une histoire de Français*, tome 1, «Les Risques de l'escalade», Le Seuil, 1998

François Mauriac et François Mitterrand en 1949.

« La fermeté d'âme »

Le récit de la campagne électorale nivernaise de 1956 en pleine crise algérienne, par André Rousselet :

On n'imagine pas, même en considérant le Front national de 1997, ce qu'étaient les poujadistes de ce temps-là. Nous n'avons pas fait face au Le Pen de cette époque, un forcené qui se croyait encore dans la casbah d'Alger. Mais les réunions publiques, face à ces types qui allaient les poings fermés et l'injure à la bouche, étaient épuisantes.
Je me souviens d'un jour où François dut progresser vers la tribune entre deux rangées de types qui lui crachaient à la figure, hurlant : «Diên Biên Phu trahison!», «Algérie fellagha!»
Son courage, en ces occasions, est exemplaire, et m'a même étonné. C'est là que j'ai compris que sa qualité primordiale n'est pas l'habileté, certes exceptionnelle, mais la fermeté d'âme...

André Rousselet,
ibidem

« Un cœur au-dessus des périls »

Par un observateur non complaisant, le portrait de François Mitterrand qui s'apprête à affronter le général de Gaulle en 1965 :

C'était un homme entre deux tailles et deux âges, d'une figure assez aimable qui arrêtait avec plaisir les yeux des dames, d'une ambition qui s'appuyait de toutes sortes de talents pour arriver à la plus haute fortune, riche en dons, fertile en vues, en ressources, en ressorts, entreprenant, aussi hardi à changer de front qu'adroit à tirer de biais, maître signalé en artifice, avec extrêmement de valeur brillante et un cœur au-dessus des périls. Il avait fort de l'esprit, mais manégé et parfois si labyrinthé qu'il se perdait dans ses détours et se laissait alors piéger en terrain coupé et raboteux, dans des taillis d'intrigues romanesques, dont il ne sortait qu'avec embarras, quoiqu'il eût d'ailleurs la tête froide et fort capable de tenir tout le soin de l'État.

André Ribaud,
Le Canard enchaîné,
« La Cour », 29 septembre 1965

« Un parlementaire à l'ancienne »

En 2005, Pierre Joxe, ancien ministre du président socialiste, évoque François Mitterrand parlementaire :

Je l'ai compris plus tard, quand je l'ai longuement accompagné, comme ministre de l'Intérieur, dans ses voyages présidentiels : il était vraiment un parlementaire à l'ancienne, respectueux de l'électorat, moins paternel que fraternel avec l'électeur, assumant entièrement la fonction représentative, qui ne vous réduit jamais à être aux ordres des mandants mais au contraire vous élève à un niveau supérieur, certes provisoire, mais provisoirement irrévocable et irrécusable. Il assumait pleinement l'élitisme républicain, où le représentant se sait au-dessus des représentés, puisqu'ils l'ont élu, mais aussi leur subordonné, puisqu'il a demandé leurs suffrages. Sans mandat impératif certes, mais non sans impérieuse obligation de connaître l'opinion des électeurs, afin d'être à même aussi bien de la guider que de la suivre.

Pierre Joxe,
Lettre de l'Institut François-Mitterrand,
Juillet 2002

Mitterrand et de Gaulle

Le demi-siècle écoulé semble avoir été dominé en France par l'affrontement entre les deux hommes. La réalité était plus compliquée. Mais, entre le référendum de 1962 et l'élection présidentielle de 1965, l'antagonisme est à son paroxysme.

De Gaulle, un dictateur ?

En 1964, dans Le Coup d'État permanent, *François Mitterrand attaque très violemment le général de Gaulle :*

La personnalité du général de Gaulle, libérateur de son pays quatorze ans avant d'en devenir dictateur, est riche de tant d'attraits qu'elle survivra à son œuvre, finalement assez mince. Mais si le souvenir s'atténue de cet étonnant mélange de duplicité et d'audace, rien ne fera oublier qu'il aura consacré, légitimé, lui, l'humaniste, le chrétien, le héraut du monde libre, l'effacement du droit du citoyen à défendre sa liberté personnelle.[...] Régime oblige : le pouvoir absolu a ses raisons que la République ne connaît pas.

[...] De Gaulle serait-il un dictateur ? Je ne cherche pas à l'abaisser en le plaçant dans une rubrique où ma génération s'est habituée à ranger pêle-mêle Hitler et Mussolini, Franco et Salazar, Staline et Pilsudski – mais si de Gaulle n'imite personne, ne ressemble à personne, sinon à la rigueur à un Louis Napoléon Bonaparte qu'habiteraient les vertus bourgeoises de Louis-Philippe, ce qui serait plutôt rassurant, le gaullisme, lui, porte les stigmates qui ne trompent pas. Son évolution évoque, avec une totale absence d'originalité, aussi bien les velléités les plus plates, les plus ternes, les plus molles dictatures, telle celle qu'à Vichy, sous couleur d'ordre moral, le maréchal Pétain infligea aux Français...

François Mitterrand,
Le Coup d'État permanent, Plon, 1964

Le « Rastignac » de la Nièvre

À l'automne de 1965, le général de Gaulle, furieux d'avoir François Mitterrand en face de lui à la première élection présidentielle au suffrage universel, se déchaîne contre lui et donne sa version. Progressivement, le ton change. Dans C'était de Gaulle, *Alain Peyrefitte raconte :*

15 septembre 1965

Au nom de Mitterrand, le Général éclate franchement de rire :

G. d. G. – Le «Rastignac» de la Nièvre ? Léon Noël, qui était mon délégué pour le RPF dans ce département, m'a raconté que Mitterrand, lors de sa première campagne, en 46, se mettait au premier rang de la cathédrale de Nevers, à genoux sur un prie-dieu, la tête dans les mains. L'évêque disait à Léon Noël, en joignant ses doigts avec extase : « Comme il est bien, ce Mitterrand, c'est tout à fait ce qu'il nous faut ! » (Nouveau rire.)

A. P. – Vous l'avez rencontré vous-même ?

G. d. G. – Il est venu me voir à Alger dans l'hiver 43-44. Il a mis du temps à me parvenir. Il avait travaillé pour Vichy avec tant de zèle que ça lui avait valu la francisque. [...]. Son association d'aide aux prisonniers était alimentée par Vichy. Voyant que ça allait tourner mal, il a voulu se dédouaner en s'infiltrant dans un réseau. [...] On m'avait mis sous les yeux une fiche le présentant comme un personnage douteux ; et c'est bien l'impression qu'il m'a faite : un vulgaire opportuniste. Mitterrand m'a demandé de lui confier la direction d'un réseau de résistance de prisonniers, le réseau Charette, qui marchait très bien sans lui. [...] Je lui ai donc proposé de se battre, soit dans le corps expéditionnaire en Italie, soit comme parachutiste dans le corps qui serait le premier à prendre pied en France, puisqu'il avait hâte d'y retourner. Il a refusé les deux propositions. Je l'ai congédié sèchement : « Nous n'avons plus rien à nous dire ! »

Eh bien si, nous avions encore à nous dire ! Il s'était arrangé pour prendre la tête d'un « Mouvement national des prisonniers » et pour se faire nommer secrétaire général du ministère des Anciens combattants et Prisonniers !

22 septembre 1965

Le Général parle de son rival avec moins de désinvolture, mais sans plus d'inquiétude :

G. d. G. – Mitterrand aura des voix communistes, parce que les communistes feront passer une consigne : « Il vaut mieux voter pour celui-là. » C'est le début d'une opération de regroupement de la gauche. Il aura des voix socialistes ; pas toutes, car il est méprisé, en particulier dans le Nord et dans le milieu ouvrier. [...]. Les PSU vont faire campagne contre lui, ou en public, ou sournoisement, parce qu'ils ne peuvent pas le voir. Pourquoi ? Parce qu'il les empêche d'apparaître comme ceux qui peuvent regrouper la gauche. À mon avis, Mitterrand peut espérer avoir au grand maximum quatre millions et demi de voix.

Il en obtiendra plus de sept millions et demi.

24 novembre 1965

L'opinion du général sur Mitterrand n'a pas varié, mais il commence à voir en lui un possible successeur :

G. d. G. – Que Mitterrand soit un arriviste et un impudent, je ne vous ai pas attendu pour le penser. Mitterrand est une arsouille. [...] Mitterrand est le plus roublard, le plus dangereux ; il est prêt à soutenir toutes les thèses, à renier tout le monde et à se renier lui-même pour s'emparer du pouvoir.

A. P. – Pourquoi prendre des gants ? Il vous a injurié en vous comparant à Hitler, Mussolini et Franco.

G. d. G. – Non, n'insistez pas ! [...] Non, je ne ferai pas la politique des boules puantes. Il ne faut pas porter atteinte à la fonction, pour le cas où il viendrait à l'occuper.

Alain Peyrefitte, *C'était de Gaulle*,
Éditions de Fallois/Fayard, 2000

« Que garderiez vous du gaullisme ? »

À cette question posée trente ans plus tard, François Mitterrand répond :

Ce que la nature des choses et le verdict de l'Histoire me conduisent à garder comme des acquis précieux pour la France. Son rôle pendant la guerre, cette idée que rien n'est jamais perdu, le 18 Juin et la suite appartiennent à l'Histoire [...] Sa prescience diplomatique, militaire et nucléaire [...] Les institutions de la Ve République – qu'on les approuve ou pas –, et donc la fondation d'un nouveau régime. Ce sont là des actes majeurs.

François Mitterrand,
Mémoires interrompus, Odile Jacob, 1995

Vu par d'autres leaders de la gauche française

Les appréciations sur François Mitterrand varient selon que ces leaders de gauche ont été son chef (PMF), son allié (Pierre Mauroy), son Premier ministre nommé par lui (Laurent Fabius), son rival et adversaire (Michel Rocard).

Pierre Mendès France : « Du bon côté de la barricade »

On a opposé les deux hommes, parfois à tort, parfois à raison. Leurs opinions, l'un sur l'autre, variaient.

Pas un jour je n'ai regretté, pas une heure je n'ai regretté de lui avoir offert ce portefeuille [de ministre de l'Intérieur] et je suis fier aujourd'hui, dans un gouvernement comme le mien, malgré les attaques dont les uns et les autres nous avons été l'objet, d'avoir un collaborateur comme François Mitterrand.

Discours à l'Assemblée nationale, 3 décembre 1954

Dans toutes les affaires graves depuis vingt-cinq ans, je l'ai trouvé du bon côté de la barricade.

Le Nouvel Observateur, 27 octobre 1965

Mitterrand est un garçon secret et parfois même mystérieux. Je dois dire cependant que, depuis un ou deux ans, il a fait d'énormes progrès et qu'il a réalisé un redressement inespéré de la gauche. Nous serions injustes de ne pas lui en reconnaître le mérite.

Lettre à Paul-André Falcoz, 27 mars 1973, *in* Pierre Mendès France, *Œuvres complètes*, éd. François Stasse, Le Seuil, 1994

En 1982, à la veille de sa mort, ses interlocuteurs interrogent Mendès France sur le président de la République :

La réponse s'exprima d'un geste :
– Mitterrand, c'est ça, dit Mendès France, mimant de la main le mouvement sinueux de l'anguille échappant à toute prise.

in François Stasse, *La Morale de l'Histoire*, Le Seuil, 1994

« Une ambivalence fondamentale »

Pour Laurent Fabius, ancien Premier ministre, l'ambivalence est la «clé» de François Mitterrand :

La clé de la personnalité de Mitterrand, de son exceptionnelle réussite, de sa longévité, de son énergie, la clé de la fascination qu'il a exercée sur des millions de personnes à travers le monde, c'est son extraordinaire, sa sidérante ambivalence. Je dis bien l'« ambivalence », et non pas l'ambiguïté en quelque sorte ordinaire, la duplicité médiocre ou l'opportunisme si fréquents en politique. Une ambivalence fondamentale, métaphysique, qui le fait considérer toute chose comme à la fois elle-même et son contraire, toute personne comme à la fois bonne et mauvaise, toute situation comme simultanément tragique et pleine d'espérances. Ambi-valence : valeur double. Une perception chez lui totalement dialectique de la réalité humaine, où les contradictoires coexistent, où les temps transforment le rose en noir, où les êtres deviennent ce qu'ils sont avant de se transformer à nouveau, la seule permanence étant précisément cette disponibilité, cette fluidité, jusqu'au moment où la mort vient apposer son sceau, un nouveau mystère se révélant alors, celui de l'éternité, dont nul ne sait si elle fixe à jamais les êtres ou si au contraire elle ouvre le bal d'un changement désormais sans fin. Oui, la vraie clé de François Mitterrand, c'est cette ambivalence essentielle.

Laurent Fabius, *Les Blessures de la vérité*, Flammarion, 1995

« Un pouvoir d'attraction exceptionnel »

Dans ses Mémoires, *Pierre Mauroy, ancien Premier ministre, revient sur quelques moments marquants de ses relations avec François Mitterrand :*

En 1965, François Mitterrand m'est apparu comme ce « Grand Meaulnes », celui qui donnait le sentiment de pouvoir ouvrir des chemins impraticables pour d'autres. Cette sorte de fascination lucide, je l'ai toujours conservée à son égard, ce qui me permet de parler de lui comme je le fais. [...] Cet itinéraire de près de soixante ans, il me fut donné de le partager largement avec un homme exceptionnel. [...] De mon point de vue, cette relation fut unique.

[...] Il me parle de 1972, échéance normale d'un second mandat du général de Gaulle. Enfin si ...

[...] « Vous savez, Pierre Mauroy, me dit-il, il suffit de cent hommes décidés, et tout sera possible. » Ce premier entretien est le point de départ d'une aventure qui va durer trente ans.[...] Les critiques acerbes contre François Mitterrand ont sans doute d'autres raisons. La perfidie des commentaires me semble proportionnelle à la capacité de séduction qu'il exerçait sur les autres, et notamment ses détracteurs d'aujourd'hui. Tout portrait de François Mitterrand doit nécessairement commencer par ce trait qui lui était si caractéristique : son pouvoir d'attraction était tout à fait exceptionnel.

[...] Pour ma part, je n'ai jamais douté des convictions socialistes qu'il avait progressivement acquises. [...]
Un jour viendra cependant où on le reconnaîtra comme l'un des hommes qui ont le plus marqué l'histoire du XXe siècle.

Pierre Mauroy, *Mémoires, Vous mettrez du bleu dans le ciel*, Plon, 2003

Le « zozo »

Dans un livre d'entretiens, en 2005, Michel Rocard, lui aussi ancien Premier ministre de François Mitterrand, évoque diverses personnalités politiques de gauche :

Mitterrand est à l'évidence un tacticien génial, un homme doté d'un cynisme gigantesque, d'une stratégie très personnelle, très habile. Mais il était étranger à toute notion de formation politique, à la notion de parti. J'ai évoqué plus haut ce qu'il a osé dire, un jour : « Il n'y a pas de Parti Socialiste, il n'y a que les amis de François Mitterrand ».

Un jour, au cours d'un conseil national du Parti, Mitterrand s'est retrouvé dans l'obligation intellectuelle de définir ceux qui le combattaient. J'étais là. Il n'a pas bafouillé – il ne bafouillait jamais – mais après avoir tourné autour du pot, il a fini par lâcher ce mot énorme : « Ce sont des zozos. » J'étais chef zozo, quoi.

Michel Rocard,
Si la gauche savait,
avec Georges-Marc Benamou,
Laffont, 2005

Le Président vu par des adversaires de droite

De la part de ses adversaires de droite, une détestation sans faille pour un homme qui a amené la gauche au pouvoir et y est resté quatorze ans n'étonnerait pas. Mais la réalité est plus complexe, comme le montrent les textes qui suivent.

Édouard Balladur: « L'ambition de sa vie »

Le ministre de l'Économie, des Finances et de la Privatisation de Jacques Chirac, à propos de la première cohabitation (1986-1988) :

De loin, il m'était arrivé de l'admirer : homme seul, aimant la solitude, quitte à ce que de temps à autre elle fût peuplée d'obligés et parfois d'amis, ayant traversé des épreuves publiques qu'il avait surmontées sans demander secours à qui que ce fût, jamais découragé, toujours acharné à accomplir son destin individuel ; politique extrêmement informé, plein d'intuition, rapide, que n'embarrasse guère un excès de considération pour les autres, qu'il aime utiliser en recourant quand il le faut aux habiletés et aux amabilités appuyées, encouragé à le faire dans la mesure où cela réussit souvent... [...]

À le côtoyer de plus près dans l'exercice de la fonction suprême qui a sans doute été, depuis toujours, l'ambition de sa vie, et aujourd'hui son accomplissement, je mesurais mieux certains des ressorts de son comportement : le courage, la vivacité, la rapidité. Mais, effet du pouvoir ou tendance naturelle, il se sent manifestement différent de tout autre, vindicatif à l'occasion, quand on le contredit ou qu'on le conteste, ayant recours à une hargne méprisante pour parler de ses adversaires et parfois de ses partisans, n'accordant guère de crédit à la bonne foi, multipliant les propos contradictoires selon les interlocuteurs, convaincu en toutes circonstances que son bon droit lui donne tous les droits. M. Mitterrand a, sur à peu près tout, des vues politiques, c'est-à-dire contingentes.

Édouard Balladur-Jean-Pierre Elkabbach, *Passion et longueur de temps*, Fayard,1989

Le dernier Conseil des ministres

En mai 1995, par François Léotard, alors ministre de la Défense du gouvernement Balladur :

[François Mitterrand] entre lentement dans la grande pièce rectangulaire, pénétrant en même temps dans la dernière phase de son destin. Je pense à ce mouvement qu'il a dû accomplir de 700 à 800 fois au cours de son double septennat, voyant autour de lui les visages changer, les hommes vieillir et affirmer sans cesse les réformes nécessaires – probablement toujours les mêmes – et s'amusant parfois de ce jeu de dupes où chacun s'accorde à n'être

pas perdant. S'est-il vu peu à peu disparaître? A-t-il eu conscience de cet engloutissement qui donne finalement raison aux événements pourvu que le temps leur soit accordé? [...]
La sortie ne manque pas d'allure verbale. Il évoque le premier Conseil des ministres de la Libération, sous la présidence du général de Gaulle. Puis ses responsabilités avec Vincent Auriol et René Coty. [...]

Puis c'est la description de ces vingt-quatre années, précédant le 10 mai 1981, son étonnement devant l'accusation d'opportunisme et le récit de ces deux cohabitations qu'il n'a pas voulues mais assumées. Je sursaute intérieurement lorsqu'il affirme qu'il nous respecte individuellement mais qu'il n'en est pas de même collectivement, que c'est une ironie de l'Histoire que d'être amené à faire son bilan devant nous...

Il cite les *Mémoires d'outre-tombe*, la très belle scène du Sénat vue par Chateaubriand, lorsque Talleyrand fait voter le partage du Trésor en excluant les sénateurs à venir... [...]

Puis vient le final, un appel au printemps, aux fleurs « qui sont là » (il se tourne vers les deux grandes fenêtres), à la beauté du monde, à la vanité de toutes choses humaines, aux « autres » qui viendront ici.
Tout cela sans une note, dans le ton d'une confession politique, dont la liberté impressionne. Il parle comme s'il voyait devant lui, derrière son regard mort, se dérouler le paysage de sa vie : des escarmouches aux grands combats, des silences aux mensonges et certainement ces grandes causes épousées, comme on les aime dans les livres, plus encore que dans les rues. Pourquoi lui retirerait-on à lui, à lui tout seul, comme par une sorte de vengeance, d'acharnement et de haine, le droit d'avoir eu, lui aussi, « une certaine idée de la France », même si ce n'est pas la même que la nôtre?

François Léotard,
Ma liberté,
Plon 1995

Jacques Chirac : « Il a épousé son siècle »

Quelques heures après le décès de François Mitterrand, l'hommage du président Jacques Chirac, son adversaire en politique et son Premier ministre pendant la première cohabitation :

Le président Mitterrand donne le sentiment d'avoir débordé sa propre vie. Il a épousé son siècle. [...]
S'il débordait sa vie c'est parce qu'il avait la passion de la vie, passion qui nourrissait et permettait son dialogue avec la mort. La vie sous toutes ses formes. [...]

Ma situation est singulière, car j'ai été l'adversaire du président François Mitterrand. Mais j'ai été aussi son Premier ministre, et je suis, aujourd'hui, son successeur. Tout cela tisse un lien particulier, où il entre du respect pour l'homme d'État et de l'admiration pour l'homme privé qui s'est battu contre la maladie avec un courage remarquable, la toisant en quelque sorte et ne cessant de remporter des victoires contre elle.

De cette relation avec lui, contrastée mais ancienne, je retiens la force du courage quand il est soutenu par une volonté, la nécessité de replacer l'homme au cœur de tout projet, le poids de l'expérience.

Hommage du président Jacques Chirac,
le 8 janvier 1996

Le leader de la gauche et le Président, par des dirigeants étrangers

Les témoignages du monde entier sont innombrables, surtout pendant les années 1971-1995. Quelques extraits.

Mário Soares: « Un chef-d'œuvre »

Au congrès d'Épinay, en 1971, l'ancien président portugais est le témoin de la prise du pouvoir au sein du Parti socialiste par François Mitterrand, qu'il qualifie de «chef-d'œuvre» :

– Pourquoi un chef-d'œuvre?

– Parce que c'était véritablement une conspiration réussie contre Guy Mollet et le pauvre Alain Savary. J'ai assisté à l'ensemble du congrès, depuis le premier jour jusqu'à la fin, et au discours inoubliable, à la virtuosité oratoire de François Mitterrand. Il est entré au congrès sans même être militant, il en est sorti premier secrétaire du parti grâce à l'appui de Gaston Defferre, de Pierre Mauroy et du Ceres de Jean-Pierre Chevènement. C'est un miracle que Mitterrand ait pu transformer, en un an, un parti qui avait 5 % ou 7 % des voix en un parti de gouvernement qui allait prendre le pouvoir quelques années plus tard. Le chemin de Mitterrand a vraiment été extraordinaire. Je l'ai suivi, et suis resté toutes ces années son ami et son admirateur.

Mário Soares, entretiens avec Dominique Ponchin, *Mémoire vivante*, Flammarion, 2002

Helmut Schmidt rassure Ronald Reagan

Quelques jours plus tôt, François Mitterrand avait remplacé Valéry Giscard d'Estaing et que l'on était dans la plus grande incertitude quant à la politique du nouveau président français – en raison de son intention de faire alliance avec les communistes, on en avait une idée assez fausse et négative. [...]

J'avais rencontré Mitterrand à plusieurs reprises avant son entrée en fonctions. Reagan, lui, ne le connaissait pas. Je me suis donc efforcé d'expliquer à mon hôte américain pourquoi nous pouvions, lui et moi, partir du principe que le remplacement de Giscard par Mitterrand ne conduirait pas à un changement de la politique française dans le domaine des Affaires étrangères et de la Sécurité. [...]

L'impression positive que m'avait laissée Reagan, fut confirmée quelques semaines plus tard, à l'occasion du septième sommet économique mondial de Montebello, près d'Ottawa. Reagan comme Mitterrand participaient pour la première fois à une telle conférence. Tous deux s'adaptèrent très vite à la traditionnelle atmosphère de détente de ce genre de sommet.

Helmut Schmidt, *Des puissances et des hommes*, Plon, 1989

Cinq mois plus tard à peine, au huitième sommet économique mondial de Versailles en mai 1982, le président américain prend la mesure de son nouveau partenaire français :

Quand Reagan insista pour employer des mesures commerciales comme instrument de politique étrangère, une longue et violente discussion éclata en public entre Reagan et Mitterrand. La nouvelle tentative de Reagan de saboter, unilatéralement, sans consultation, l'accord sur les gazoducs entre les Européens et les Soviétiques, au moyen d'un embargo qui constituait une violation de la souveraineté des États européens, en interdisant les livraisons partielles des filiales américaines installées en Europe, renversa la situation. Mitterrand et la presse française adoptèrent la position qui avait été de tout temps celle de Bonn.

Helmut Schmidt, *ibidem*

« Cher François, je suis votre ami »: G. B.

C'est ce qu'écrit George Bush père, en janvier 1993, au moment où il quitte la Maison-Blanche. Le président des États-Unis avait, comme il le dit au cours d'une interview, « une relation excellente avec François Mitterrand [...]. *Aux États-Unis, certains n'ont pas compris».*

De : Maison-Blanche
À : palais de l'Élysée
Remettre le message suivant au président Mitterrand de la part du président Bush.
À bord d'*Air Force One*

Cher François,
Merci infiniment pour votre message, témoin de votre compréhension et de votre amitié. Je suis au crépuscule de ma vie publique, une vie au cours de laquelle j'ai eu le plaisir de pouvoir travailler avec vous en une étroite collaboration. Ma vie privée est encore devant moi. Et dans cette vie-là, je tâcherai de suivre vos actions, en vous accompagnant de mes pensées les plus amicales, et en espérant pouvoir vous rencontrer un jour encore une fois. Permettez-moi de vous adresser mes remerciements, de vous témoigner mon respect et de vous assurer de mon amitié, qui vous sera toujours acquise.
Bien à vous,

George Bush, 4 novembre 1992

Dernière rencontre:

Je lui ai parlé une fois de cette question juste avant sa mort, dans sa petite maison. Il était très malade. Il m'a demandé : « Que pensez-vous de la finalité de la vie ? Qu'est-ce qu'il y a après la mort ? » [...]

Il n'a pas dit qu'il croyait à ce moment-là, mais j'ai eu l'impression qu'il n'était plus certain de ce qu'il croyait, de ce qui allait se passer après la mort. Je l'aimais beaucoup. Des gens me disaient : « Comment vous, un républicain, un conservateur, pouvez-vous être ami avec un socialiste ? » C'était un homme très humain. Sa parole était en or. Il ne voulait pas se battre, avoir des conflits. Il était très déterminé et très ferme, quand il avait des positions, il les gardait.

George Bush, interview dans *Le Journal du dimanche,* 31 juillet 2005

Gorbatchev : « Il m'a fait confiance »

L'ancien dirigeant de l'Union soviétique se souvient de ce que lui a dit François Mitterrand sur l'Allemagne, à Kiev en décembre 1989, rencontre à l'initiative du président Mitterrand.

Les événements d'Allemagne et les « dix points » d'Helmut Kohl occupèrent une place importante dans notre conversation. Le 20 décembre, Mitterrand devait se rendre en RDA. Il voulait connaître mon opinion et me donna la sienne : « Il est difficile de ne pas tenir compte de la volonté d'un peuple exprimée de manière forte. La frontière entre les deux Allemagnes ne sépare pas deux peuples différents. De plus, personne en Europe ne veut que le continent subisse des perturbations profondes à la suite d'une réunification allemande au résultat imprévisible. [...] Je n'ai pas peur de la réunification de l'Allemagne, mais elle doit être démocratique et paisible. »

Premier sommet des huit à Londres en 1991. Une «première historique». L'Occident est encore plein de méfiance vis-à-vis de l'URSS. Seul Mitterrand lui fera confiance.

Je précisai que j'avais fait un choix irrévocable en faveur de la poursuite des transformations démocratiques dans la société et de l'accélération du mouvement vers le marché. Cependant la logique des événements conduisait à penser qu'il était impossible de mener à bien des transformations importantes en dehors du marché mondial. [...]

L'intervention de Mitterrand m'impressionna énormément. Il prit la parole après Delors pour reprendre un thème abordé par ce dernier : celui de la méfiance de l'Occident à notre égard.

« Les actes du président Gorbatchev constituent les meilleurs arguments contre la méfiance. En fin de compte, ajouta-t-il en s'adressant à moi, vous auriez pu vous comporter comme vos prédécesseurs et le résultat se serait avéré catastrophique. L'Histoire ne l'oubliera pas. Elle se souviendra non seulement de votre travail de transformation d'un pays sans traditions démocratiques, mais encore des changements intervenus dans les relations interétatiques. Des nations se sont libérées de la présence de troupes étrangères sur leur sol, l'Allemagne a été unifiée. Tout cela est le résultat de votre politique et doit inspirer la foi et non la méfiance. »

Mitterrand s'efforça de faire valoir à ses collègues des arguments solides en faveur d'une position plus tranchée et d'une assistance plus efficace à la reconstruction de l'économie soviétique. Il était partisan de l'admission de notre pays dans les organisations économiques internationales et d'une aide concrète pour des projets concrets.

Mikhaïl Gorbatchev,
Mémoires,
Éditions du Rocher, 1997

Bill Clinton : « un homme fascinant »

Clinton et Mitterrand ont été au pouvoir en même temps pendant deux ans et demi.

Le 6 juillet 1993, j'étais à Tokyo pour ma première réunion internationale, le sixième sommet annuel des pays industrialisés. [...]

François Mitterrand était un homme fascinant et brillant. Il entamait son second mandat de sept ans, mais étant donné que son Premier ministre et son gouvernement appartenaient à l'opposition et contrôlaient la politique économique, son champ d'action dans le cadre du sommet était limité. [...]

[Le 7 juin 1994], j'étais à Paris pour rencontrer le maire Jacques Chirac, m'adresser à l'Assemblée nationale au Palais-Bourbon et assister à un dîner offert par le président François Mitterrand à l'Élysée. Le dîner avec François Mitterrand se termina autour de minuit et je fus surpris qu'il nous demande si nous aimerions voir le

Nouveau Louvre, la superbe création de l'architecte sino-américain I. M. Pei. Mitterrand était âgé de 73 ans et en mauvaise santé, mais il tenait absolument à nous montrer le dernier chef-d'œuvre en date de la France. À notre arrivée sur place avec le président et l'ambassadrice américaine Pamela Harriman, Hillary et moi avons découvert que notre guide n'était autre que Pei lui-même. Nous avons admiré la magnifique pyramide de verre, les anciens bâtiments restaurés et les ruines romaines qu'on avait retrouvées pendant plus d'une heure et demie. Mitterrand s'employa avec une énergie époustouflante à compléter le récit de Pei pour être sûr que nous ne rations rien.

Bill Clinton,
Ma vie, Odile Jacob, 2004

Abdou Diouf : « s'adapter au contexte historique et culturel »

L'ancien président du Sénégal se remémore l'engagement de François Mitterrand en faveur de l'Afrique :

Au sommet de La Baule, François Mitterrand a prononcé un discours très remarquable. Il n'a jamais dit « Faites la démocratie tout de suite, sinon je vous coupe les vivres ». [...] L'esprit de ses propos était plutôt : « C'est votre intérêt d'aller à la démocratie, mais chacun selon son rythme. » Il était parfaitement conscient des nécessités d'adaptation au contexte historique et culturel de chaque pays. [...]

Sur la francophonie, mon prédécesseur avait considérablement insisté pour que se réunissent les chefs d'État et de gouvernement. Il n'a jamais pu obtenir satisfaction, en raison des problèmes persistants France-Canada-Québec. François Mitterrand a aidé à débloquer cette situation. Il m'en a informé par téléphone : « Président Diouf, une bonne nouvelle : le Canada et le Québec viennent de signer une entente; nous allons pouvoir tenir notre premier sommet. » Il se tint à Versailles. Un engagement très fort de la part de la France.

Le troisième sommet de la francophonie se tint à Dakar en 1989. Là encore François Mitterrand, d'entrée de jeu, a marqué la conférence, en annonçant, dans son discours d'ouverture, l'annulation de la dette pour 35 pays africains. Le succès du sommet était assuré.

Abdou Diouf,
Lettre de l'Institut François Mitterrand, juillet 2005

Helmut Kohl : « Un grand Européen qui s'en va »

Une relation exceptionnelle, de plus de treize ans.

La revitalisation de la Communauté européenne a contribué de manière décisive à la victoire de la liberté dans la révolution qui s'est emparée de l'Europe dans les années 1989-1990. Ni François Mitterrand ni moi-même n'avions prévu ce tournant qui devait faire époque, encore moins la force et la vitesse de ces événements. Néanmoins, lorsqu'ils se produisirent, nous avons donné la seule bonne réponse possible : l'impératif de l'heure ne consistait pas à renationaliser la Communauté européenne comme certains le pensent encore aujourd'hui mais plutôt à la développer pour en faire une Union européenne.

Helmut Kohl,
Le Monde, 11 mai 1995

François Mitterrand vu par des romanciers, des intellectuels, des journalistes et des artistes

La vie politique et privée de François Mitterrand, incroyablement romanesque, a suscité une inépuisable curiosité, admirative ou critique, d'écrivains, intellectuels, journalistes et artistes, parfois fascinés malgré eux.

« Marguerite Duras, admiratrice »

La romancière Marguerite Duras (Antelme) n'a jamais cessé d'admirer le François Mitterrand qu'elle a connu à la fin de l'Occupation. Ici un texte de 1985.

Quand je me souviens de vous pendant la guerre, de cette période de notre vie où nous étions jeunes, je vous vois à la fois dans une crainte profonde et constante de la mort et en même temps dans une disposition non moins constante à la braver. Vous étiez d'une espèce de courage dont je n'ai jamais trouvé l'équivalent – excusez cette confidence que je ne vous avais jamais faite. Vous étiez d'un courage à la fois raisonnable, raisonné, et fou. Comme si combattre votre propre peur de la mort avec des actions quasi suicidaires était la passion véritable de votre vie. [...]

Vous n'imaginez pas la curiosité que vous développez, et que vous développerez sans doute jusqu'à la fin de votre vie. Chaque Français a, avec vous, une relation personnelle. Je n'ai jamais vu ça.

Marguerite Duras-François Mitterrand, *Le Bureau de poste de la rue Dupin et autres entretiens*, Gallimard, 2006

Personnage de roman ou romancier de lui-même ?

Régis Debray a soutenu François Mitterrand, leader de l'opposition, et travaillé quelques années à son cabinet de l'Élysée.

L'âme de la France gaullienne est une trajectoire intérieure jamais terminée, celle de la France mitterrandienne est une certitude physique, un champ de blé au soleil. Mitterrand : « Je n'ai pas besoin d'une idée de la France; la France, je la vis. J'ai une conscience instinctive, profonde de la France, de la France physique... Un peuple qui colle à sa terre n'en est plus séparable. » Ou encore : « J'aime la France à ma façon, qui est celle du paysan qui regarde sa terre au printemps, qui mesure le prix des choses, et combien coûte de sacrifices et de patience le blé qu'il aime. »

Régis Debray, *À demain de Gaulle* Gallimard, 1990

À trop voir en lui un personnage de roman, beaucoup de commentateurs oublient ce qui distingue le roman du traité, sans prendre la mesure du romancier. Son œuvre aura été son propre personnage, et il inventa ses héros à mesure, tous solidaires et différents : Croix-de-Feu, maréchaliste, giraudiste, gaulliste, troisième force, anticommuniste, anticapitaliste autoritaire, libéral indulgent, européiste, Union sacrée. [...] L'extraordinaire, chez cet introverti singulier, ce fut l'alliance d'un moi dense et dur, à l'intérieur, ne cédant à la conjoncture que le strict nécessaire, avec une plasticité aussi ductile, au-dehors. D'où sa fortune politique. [...]

On connaît l'adage : « Ou l'homme politique trompe ses électeurs, ou il trompe l'intérêt du pays. » Ce président fut à cet égard exemplaire : d'un bord à l'autre de l'opinion, par une sorte d'alternance dans l'alternance, chaque sensibilité a pu se sentir tour à tour exprimée, ménagée et trahie. [...] À revisiter cette vie, on dévale le cours du XXe siècle, par son mitan : un beau roman du XIXe, d'éducation et de désillusion. Roman d'aventures ? Oui, si l'on donne à ce dernier mot tout son sens. Pour le *militant*, le but est l'essentiel, et sa personne accessoire. Pour l'*aventurier*, le but est accessoire, toutes les fins se nient elles-mêmes parce qu'elles sont subordonnées à sa seule personne.

Régis Debray, *Loués soient nos seigneurs,* Gallimard, 1996

« Résister à l'élan qui m'entraînait vers lui »

Franz-Olivier Giesbert détaille ses sentiments contrastés pour François Mitterrand :

[...] cet homme fut nietzschéen jusque dans l'agonie. C'est pourquoi il n'a pas fini de nous fasciner. Avec lui, j'étais comme l'Hermione de Racine.
Je l'aimais trop pour ne le point haïr ;
je le haïssais trop pour ne le point aimer.

[...] le Président s'attaqua à une grappe de raisin et, la bouche pleine, se mit à me complimenter sur mes articles. Je connaissais ses méthodes d'embobineur. Jusqu'à présent, je n'étais jamais tombé dans le panneau et je crois bien que j'avais passé l'âge. [...]

Alors que la vie s'en allait, le laissant seul dans son enveloppe de peau blafarde, le Président continuait ainsi à tirer les mêmes ficelles. Ce n'était pas l'habitude qui le faisait me complimenter. Ce n'était plus que l'angoisse. Mais je ne lui servais plus à rien. Il ne pouvait plus se servir de personne. La carcasse ne suivait plus. Tandis qu'il me louait pour me séduire, un mélange de tristesse et de lassitude se lisait dans ses yeux. Il avait toujours regardé le monde de haut. Cette fois, à ce stade de mélancolie, l'altitude n'était plus mesurable. S'il ne m'avait pas rabaissé par ses éloges, je n'aurais pas résisté à l'élan qui m'entraînait vers lui.

Franz-Olivier Giesbert, *Le Vieil Homme et la Mort,* Gallimard, 1996

« Tragique dans ses ambiguïtés »

Denis Tillinac, antimitterrandiste de toujours, impressionné quand même :

En bon gaulliste, je l'ai longuement haï et j'ai toujours voté contre lui.

[...] Sur le tard j'ai perçu ce qu'il entrait de tragique dans ses ambiguïtés : Mitterrand était un écrivain dévoyé par la politique et voué à un dédoublement absolu. [...]

Mitterrand était « de droite » par toutes les fibres de sa sensibilité.

[...] Dieu sait que le gauchisme l'indisposait. Pas tellement sa dogmatique : il s'en foutait. Ses références (les «sciences humaines»), ses slogans niais, son débraillé. Par l'effet d'un paradoxe chargé d'ironie, Mitterrand fut contraint d'enrôler (puis de caser) une génération de militants qui ne lui inspirait aucune sympathie intellectuelle et morale.

[...] De Gaulle, c'était l'Histoire, avec une majuscule enluminée depuis Londres. Mitterrand, ce n'est que l'histoire politique.

[...] Les futilités saint-simonesques, il était d'autant mieux armé pour en peser l'insignifiance qu'il allait vers la mort. Comme Pompidou. Seul. Son courage alors fut admirable.

[...] C'est la France des maisons de famille pleines de regrets; l'antique France des laboureurs, des bretteurs et des rhéteurs, pétrie de catholicité jusqu'à ses paroxysmes laïcs ou révolutionnaires. Il l'a aimée à sa manière, charnellement, tristement aussi, parce qu'il doutait (comme nous) de sa pérennité.

Denis Tillinac, *Le Figaro*, 16 février 2005

« Le dernier Valois »

Alain Duhamel a bien connu François Mitterrand et beaucoup écrit sur lui. Il voit en lui, non pas le dernier des Capétiens, mais le dernier des Valois.

Si le général de Gaulle reste comme le premier des Français – ce qui faisait enrager puérilement François Mitterrand –, l'homme de Latche demeurera comme le premier des politiques depuis la Libération, ce qui n'est pas si mal.

[...] Il aimait les Français, qu'il comprenait mieux que quiconque, et il aimait la France, qu'il situait invariablement dans une perspective historique. Il se dispensait souverainement, pontificalement, des contraintes et des normes qu'il imposait aux autres. C'était un monarque-né, un souverain éclairé sincèrement désireux du bien de son peuple, mais se situant lui-même dans un autre univers.

[...] Il y a le roi et il y a la loi : la loi pour le peuple, la couronne pour le roi. François Mitterrand était ainsi le dernier Valois, après lui régneront les branches cadettes des Bonaparte. En attendant qu'un jour la Ve République devienne une véritable démocratie.

Alain Duhamel, *Libération*, 2 févier 2005

« Cet homme dont tout me séparait »

Jean Daniel a consacré à François Mitterrand un livre, Les Religions d'un président, *et de nombreuses chroniques du* Nouvel Observateur.

J'ai appris à connaître cet homme dont tout (Mendès, Rocard, les catholiques) me séparait. Son orgueil, sa suffisance (le fait littéral qu'il se soucie à ce point de se suffire), son intimité naturelle avec les paysages, sa distance, sa tendresse pour les bouffons et son besoin d'avoir des courtisans, sa fidélité envers eux, son goût des racines et sa disponibilité à comprendre celle des autres, son côté provincial qu'il a voulu faire passer pour une dimension paysanne, la certitude qu'il eut de vaincre parce qu'il ne tenait plus à la victoire, sa familiarité avec le milieu juif et sa curiosité (distraite ?) pour les Arabes. J'ai aimé qu'il eût en cette fin de siècle tant de goût pour les pèlerinages, les rites de conservation, les commémorations. Je ne doute pas que, sans le dire, il ait eu parfaitement conscience qu'il était chargé d'enterrer quelque chose.

« Confidences à *La Repubblica* », in *Œuvres autobiographiques*, Grasset, 2002

Dernière visite à François Mitterrand, samedi 18 novembre 1995 :

Cette fois, nous ne déjeunons pas au restaurant. Il se déplace difficilement. Il arrive en s'appuyant en effet sur une canne et en avançant avec lenteur. « Le terrible, l'insupportable poids de ces jambes», maugrée-t-il d'une voix douce. Nous nous rendons dans une petite pièce aménagée en salle à manger. Il me regarde avec bonté – ce qui n'était pas son habitude. Sa bienveillance, lorsqu'elle se manifestait naguère, se nuançait toujours d'une vigilance de bretteur. Le duel était le genre qu'il imposait volontiers au dialogue.

Jean Daniel, *Avec le temps*, Grasset, 1998

Je lui demande si Jacques Chirac lui téléphone quelquefois. « Cela lui arrive. Il est à la fois courtois et chaleureux. Il m'a demandé mon avis sur la reprise des essais nucléaires. Je le lui ai donné. Il ne l'a pas suivi, bien entendu, mais c'est son affaire. » A-t-il de Chirac les idées qu'on lui prête? « C'est un homme d'abord généreux, intelligent, qui connaît les dossiers, simplement, je le crois imprévisible. Il m'a semblé tout heureux d'être à l'Élysée. Tout heureux d'avoir sept ans devant lui. S'il savait comme cela passe vite ! »

Jean Daniel, *Le Nouvel Observateur*, 11-17 janvier 1996

« Guérilla et séduction »

Bref extrait de la monumentale biographie du président par Jean Lacouture :

Mitterrand et les journalistes... Guérilla et séduction – laquelle est orientée vers l'adversaire mieux que vers l'ami. Qui établirait une liste des rendez-vous pris par l'auteur de *Ma part de vérité*, de 1950 à 1995, y trouverait plus de contempteurs rebelles que de thuriféraires – ceux-ci, nombreux dans la classe politique, restant rares dans la presse. Comme si les journalistes n'avaient cessé, de revers en triomphes, de voir en lui l'illusionniste dont l'ABC du métier était de déjouer les tours. [...] Ce qui étonne plus encore, chez cet homme à vif, et que l'invective irrite moins que l'objection, c'est son extraordinaire disponibilité aux interrogateurs, collecteurs et enquêteurs : il n'est de si petit maître, de si maigre écriveur, de si banal présentateur de télévision qui n'ait sa chance d'être accueilli. [...] Le renard s'est souvent, en matière de presse, conduit comme un corbeau, distribuant son fromage aux loups... Mépris ? Naïveté ? Donjuanisme de virtuose ? Convenons que ce grand concertiste n'aura pas toujours trouvé (cherché ?) un auditoire digne de lui.

Jean Lacouture, *Mitterrand, Une histoire de Français*, Le Seuil, 1998

« Le sens des choses souterraines »

Réflexions de Michel Bouquet sur François Mitterrand qu'il a redécouvert en l'incarnant dans le film de Robert Guédiguian Le Promeneur du Champ-de-Mars.

Il y a de l'habileté, de la rouerie, en Mitterrand, mais plus je travaillais sur lui, plus tout ce côté florentin, magouilleur, vendeur de cravates qu'on lui a reproché m'apparaissait faux ! Ce rêve qui a dû l'habiter tout jeune, de devenir président, est tout de même purement enfantin ! Oui, il a joué au monarque (il a un côté Valois), comme de Gaulle à l'empereur !

« Il faut mépriser l'événement et avoir la passion de l'indifférence. » Cette phrase me hante. Elle trahit une sensibilité extrême. On mesure à quel point il a dû contenir cette sensibilité pour exercer sa charge. C'est beau un être rempli de contradictions ! Il avait le sens des choses souterraines.

Michel Bouquet, *Le Monde*, mardi 15 février 2005

BIBLIOGRAPHIE

Une explosion éditoriale : François Mitterrand a fait l'objet de très nombreux ouvrages (plus de 170 sur lui, près de 600 sur les années Mitterrand), surtout au début des années 1980, et vers 1995-1996. Une nouvelle vague arrive fin 2005-début 2006. Une sélection :

Ouvrages de François Mitterrand

- *Les Prisonniers de guerre devant la politique*, Éditions du Rond-Point, 1945.
- *Aux frontières de l'Union française*, Julliard, 1953.
- *Présence française et abandon*, Plon, 1957.
- *La Chine au défi*, Julliard, 1961.
- *Le Coup d'État permanent*, Plon, 1964.
- *Ma part de vérité*, entretiens avec Alain Duhamel, Fayard, 1969.
- *Un socialisme du possible*, en collaboration, Le Seuil, 1971.
- *La Rose au poing*, Flammarion, 1973.
- *La Paille et le Grain*, Flammarion, 1975.
- *Politique I*, Fayard, 1977.
- *L'Abeille et l'Architecte*, Flammarion, 1978.
- *Ici et Maintenant*, entretiens avec Guy Claisse, Fayard, 1980.
- *Politique II*, Fayard, 1981.
- *Réflexions sur la politique extérieure de la France*, Fayard, 1986.
- *Mémoires à deux voix*, en collaboration avec Élie Wiesel, Odile Jacob, 1995.
- *De l'Allemagne, de la France*, Odile Jacob, 1996.
- *Mémoires interrompus*, entretiens avec Georges-Marc Benamou, Odile Jacob, 1996.
- *Les Forces de l'esprit. Message pour demain*, Fayard, 1998.

Ouvrages de synthèse

- Favier, Pierre et Martin-Roland, Michel, *La Décennie Mitterrand* (tomes I, II, III, IV), Seuil, 1999.
- Lacouture, Jean, *Mitterrand, Une histoire de Français*, « la » grande biographie, tome 1 *Les Risques de l'escalade*, tome 2 *Les Vertiges du sommet*, Seuil, 1998.

Œuvres de journalistes

Années 1980-1994

- Colombani, Jean-Marie, *Portrait du Président ou le monarque imaginaire*, Gallimard, 1985.
- Daniel, Jean, *Les Religions d'un président*, Grasset, 1988.
- Denis, Stéphane, *L'Amoraliste*, Fayard, 1992.
- Duhamel, Alain *La République de Monsieur Mitterrand*, Grasset, 1982; *De Gaulle-Mitterrand, la marque et la trace*, Flammarion, 1991.
- Giesbert, Franz-Olivier, *François Mitterrand, une vie*, Seuil, 1997, 1990, 1993; *Le Président*, Seuil, 1990.
- July, Serge, *Les Années Mitterrand*, Grasset, 1986.
- Manicamp, *Mitterrand s'en va*, Orban, 1992.
- Nay, Catherine, *Le Noir et le Rouge*, Grasset, 1984; *Les Sept Mitterrand*, Grasset, 1998.
- Péan, Pierre, *Une jeunesse française, François Mitterrand 1934-1947*, Fayard, 1994.
- Plenel, Edwy, *La Part d'ombre*, Stock, 1992.
- Schneider, Robert, *Les Dernières années*, Seuil, 1994.

Années 1995 et après

- Barbier, Christophe, chef du service politique à *L'Express*, *Les Derniers Jours de François Mitterrand*, Grasset, 1997.
- Benamou, Georges-Marc, *Le Dernier Mitterrand* (contesté par les intimes), Plon, 1996.
- Colombani, Jean-Marie et Portelli, Hugues, *Le Double septennat de François Mitterrand : dernier inventaire*, Grasset, 1995.
- Duhamel, Alain, *Portrait de l'artiste*, Flammarion, 1997.
- Giesbert, Franz-Olivier, *Le Vieil Homme et la Mort*, Gallimard, 1996.
- Julliard, Jacques, un chapitre sur François Mitterrand dans *La Mort du roi*, Gallimard, 1999.

Années 2005-2006

- Chemin, Ariane et Catalano, Géraldine, *Une famille au secret*, Stock, 2005.
- Péan, Pierre, malheureux de l'usage fait contre François Mitterrand de son premier livre, revient avec *Dernières volontés, derniers combats, dernières souffrances*, Plon, 2005.

Livres de membres de sa famille

- Cahier, Édith (1re femme de Robert Mitterrand), *Ma famille Mitterrand*, Robert Laffont, 2002.
- Hanin, Roger, *Lettre à un ami mystérieux*, Grasset, 2001.
- Gouze, Roger, *Mitterrand par Mitterrand*, Le Cherche Midi, 1994.
- Mitterrand, Danielle, *En toutes libertés*, Ramsay, 1996.
- Mitterrand, Jean-Christophe, *Mémoire meurtrie*, Plon, 2001.
- Mitterrand, Robert, *Frère de quelqu'un*, Laffont, 1988.
- Pingeot, Mazarine, *Bouche cousue*, Éditions de la Loupe, 2005.

Livres de collaborateurs

- Adler, Laure, *L'Année des adieux*, Flammarion, 1995.
- Attali, Jacques, *Verbatim I*, II et III (Fayard, 1993, 1994, 1995); *C'était François Mitterrand*, Fayard, 2005.
- Charasse, Michel, *55, faubourg Saint-Honoré*, Grasset, 1996.
- Debray, Régis, *Loués soient nos seigneurs*, Gallimard, 1996.
- Estier, Claude, *La Plume au poing*, Stock, 1977.
- Gubler, Docteur, *Le Grand Secret*, Plon 1996, interdit par la justice avant d'être autorisé en 2004.
- Ménage, Gilles, *L'Œil du pouvoir*, Fayard, 1999.
- Orsenna, Erik (Erik Arnoult), *Grand Amour*, Seuil, 1993.

- Védrine, Hubert, *Les Mondes de François Mitterrand*, Fayard, 1996.

LIVRES DE PROCHES

- Bergé, Pierre, *Inventaire Mitterrand*, Stock, 2001.
- Duras, Marguerite, *Marguerite Duras-François Mitterrand, Le Bureau de poste de la rue Dupin et autres entretiens*, Gallimard, 2006.
- Forsne, Christina, *François*, Le Seuil, 1997.
- Salzmann, Charles, *Journal de l'île de Groix*, Éditions Christian, 2004.
- Trano, Stéphane, *Mitterrand, les amis d'abord*, L'Archipel, 2000.

HOMMES POLITIQUES

Presque tous les mémoires d'hommes politiques évoquent François Mitterrand, comme ceux de Jacques Delors, Jean-Pierre Chevènement, Jean-Paul Huchon, etc. Une sélection :

- Dumas, Roland, *Le Fil et la Pelote*, Plon, 1996.
- Joxe, Pierre, *François Mitterrand : souvenirs d'un fidèle*, Philippe Rey, 2005.
- Mexandeau, Louis, *Trente ans avec François Mitterrand*, Le Cherche Midi, 2006.

ÉTRANGERS

- Schabert, Tilo, *Mitterrand et la réunification allemande*, Grasset, 2005.
- Tiersky, Ronald, *The last French President*, St Martin's Press, 2000.

DIVERS

- Boucaud, Jacques, *François Mitterrand et la Bourgogne*, A Contrario Éds, 2005.
- Bozo, Frédéric, *Mitterrand, la fin de la guerre froide et l'unification allemande, de Yalta à Maastricht*, Odile Jacob, 2005.
- Filiu, Jean-Pierre, *Mitterrand et la Palestine*, Fayard, 2005.
- Gauthier, Guy, *François Mitterrand, Le dernier des Capétiens*, France-Empire, 2005.
- Halphen, Éric, *Mitterrand : Ombres et lumières*, Scali, 2005.
- Rousset, Vincent, *François Mitterrand et les Charentes*, Le Croît vif, 1998.
- Terrasse, Jean-Marc, *Catherine Langeais, La Fiancée des Français*, Fayard, 2003.

ALBUMS DE PHOTOGRAPHIES

- Azoulay, Claude, *François Mitterrand*, Filipacchi, 2005.
- Dherbier, Yann-Brice et Verlhac, Pierre-Henri, *François Mitterrand*, Phyb éditeur, 2005.
- *François Mitterrand, d'Épinay à l'Élysée 1971-1981*. éd. Claude Estier, Bruno Leprince Éditeur, 1980.

ÉMISSIONS, FILMS, ÉDITIONS SONORES

François Mitterrand a fait l'objet, au fil des années, d'un grand nombre d'émissions dont :

- Hugues Le Paige, en 1993, *La métamorphose du pouvoir vu de l'Élysée* et, en 1995, *Portrait en surimpression, François de Jarnac.*
- Jean Lacouture et Patrick Rotman, en 2001, *François Mitterrand, le roman du pouvoir*.
- Jean-Pierre Elkabbach, avec Jacques Pilhan, en 2003, *Conversations avec un Président*.

En 2005, le film de Robert Guédigian, *Le Promeneur du Champ-de-Mars*.

Annoncé pour 2006, par les Éditions Frémeaux et Associés, un coffret de 3 CD d'extraits des grands discours du président Mitterrand.

LIEUX DE MÉMOIRE

- Paris : un «Institut François-Mitterrand» a été créé en 1996 pour faire vivre la mémoire de l'action et de la pensée de François Mitterrand par des colloques, des publications (*La Lettre de l'IFM*) et l'accueil des chercheurs. 10 rue Charlot, 75010 Paris. 01.44.54.53.91. Adresse e-mail : ifm@mitterrand.org http://www.mitterrand.org/
- Clamecy : musée d'Art et d'Histoire Romain Rolland (donation de tableaux).
- Château-Chinon : musée des cadeaux du septennat, ancien couvent Sainte-Claire.
- Nevers : espace culturel François Mitterrand au centre culturel Jean-Jaurès (20 000 livres).
- Solutré : musée de la Préhistoire.
- Centre d'archéologie du mont Beuvray.
- Paris : la Très Grande Bibliothèque est devenue Bibliothèque François-Mitterrand. Une partie du quai du Louvre a été rebaptisée en 2003 «quai François-Mitterrand».

TABLE DES ILLUSTRATIONS

COUVERTURE

OUVERTURE

CHAPITRE 1

Bernanos, *Scandale de la vérité*, 1939; Malraux, *La Condition humaine*, 1933; Benda, *Essai d'un discours cohérent sur les rapports de Dieu et du monde*, 1931.
17h Course des Six-Jours au Vél' d'hiv', Paris, mars 1935.
17b Étudiant, foyer des Maristes, 104, rue Vaugirard, Paris.
18 Dans une manifestation d'étudiants, février 1935.
19h Marie-Louise Terrasse à 15 ans.
19b Au fort d'Ivry : F. Mitterrand (à gauche) avec Georges Dayan (au centre), 1938.
20d *L'Éphémère*, journal du Stalag IXC, 15 juin 1941.
20m À Mantry (Jura) avec Antoinette et Marie Sarrazin, 1942.
21 À Vichy, fin 1942, avec l'équipe du Commissariat général au reclassement des prisonniers de guerre rapatriés (détails).
22 Vichy, 15 octobre 1942, le maréchal Pétain recevant des représentants du centre d'entraide de l'Allier : Marcel Barrois et François Mitterrand.
22-23 À Montmaur, avec Mauduit et Cailliau, 13 janvier 1943.
24h Royal Airforce Lysander, 1941.
24m Londres, 29 novembre 1943 : ordre de mission du comité français de la Libération nationale.
25h F. Mitterrand et Danielle Gouze, 1944.
25b Signature de François Morland, alias François Mitterrand.
26h Avec Henri Frenay et Philippe Dechartre, septembre 1944.
26b Une de *Libres*, 9 mai 1945.
27 Mariage de F. Mitterrand et de Danielle Gouze, 28 octobre 1944.
28h *Les Prisonniers de guerre devant la politique*, 1945.
28b Télégramme de Dionys Mascolo et Georges Beauchamp à Marguerite Duras.
29b En 1946, devant les prisonniers de la Fédération nationale des prisonniers de guerre et déportés,.
29m Affiche de l'UDSR, 1945.

CHAPITRE 2

30 F. Mitterrand, garde des Sceaux, au Festival de Cannes, 5 mai 1956.
31 Arrivant à l'Élysée, dans les années 1950.
32h Le ministre des Anciens Combattants dans son bureau en 1947.
32b À Ammerschwihz, 1948.
33 F. Mitterrand avec Vincent Auriol, 1948.
34 et 35 F. Mitterrand, inauguration du port d'Abidjan, février 1951.
36 À Château-Chinon, années 1950.
36-37 Affiche électorale, Nièvre, 1956. Coll. Institut François Mitterrand (IFM).
37m Affiche, élections législatives du 7 janvier 1956, liste d'Union démocratique et de défense républicaine. Coll. IFM.
37b Traction-avant Citroën.
38 *L'Express* du 16 octobre 1954.
38-39 PMF et F. Mitterrand, 1954.
39 L'Assemblée nationale, janvier 1956 : de haut en bas et de gauche à droite : MM. Bonnefous, PMF, André Marie, Henri Laforest, Bourges Maunoury, MM. Mitterrand, Pleven, André Morice. Au dessous : Georges Bonnet, Edgar Faure, Bernard Lafay, Jean Medecin, Moro Giafferi, MM. Queuille et Daladier.
40 F. Mitterrand, ministre de l'Intérieur en Algérie, 1955.
40-41 *L'Écho d'Alger* du 7-8 novembre 1954
41 F. Mitterrand, au mariage de Rainier de Monaco et Grace Kelly, 19 avril 1956 (détail).
42 À Alger, le général de Gaulle, mai 1958.
42-43 Manifestation contre De Gaulle au pouvoir, 29 mai 1958.
44h Affiche pour le non au référendum sur la Constitution, 1958.
44b Affiche de la convention des Institutions républicaines (CIR) pour le non au référendum du 28 octobre 1962. Coll. CIRIP.
45 Affiche pour le oui au référendum de 1962, (Association nationale pour le soutien de l'action de De Gaulle).
46h Affiche pour les élections présidentielles de 1965. Coll. IFM.
46b Candidature de F. Mitterrand à l'élection présidentielle de 1965. Manuscrit autographe. Coll. IFM.
47h F. Mitterrand, 1965, campagne présidentielle.
47b Résultats des élections de 1965.

CHAPITRE 3

48 F. Mitterrand, 1977.
49 Affiche du PS, 1972.
50 Publications et carte du CIR, 1965.
51 Avec Dayan et Estier à Latche, 1965.
52h Résultats des législatives de 1967 (*in* publication du CIR).
52b Rencontre FGDS et PC, 15 juin 1967.
52-53 À Château-Chinon, 1967.
54h 15 mai 1968 : motion de censure à l'Assemblée nationale.
54m Manuscrit de la conférence de presse, 28 mai 1968. Coll. IFM.
55 Jacques Chaban-Delmas et Georges Pompidou arrivant à l'Élysée en juin 1969.
56h F. Mitterrand à Épinay, juin 1971.
56b F. Mitterrand, vers 1974.
57 F. Mitterrand, février 1978.
58h Avec Willy Brandt, Latche, juillet 1980.
58b Avec Mario Soares, Bettino Craxi et Felipe Gonzales., Paris, 1981.
59h Meeting de l'union de la gauche, le 1er décembre 1972.
59b La rose au poing, épingle, 1971. Coll. part.
60-61 Face-à-face télévisé Giscard-Mitterrand, 10 mai 1974.
60b Rue de Bièvre avec Dayan, Quilès, Fabius, 1979.
61m Affiche du PCF, second tour de la

CHAPITRE 4

CHAPITRE 5

photographie de Yann-Arthus Bertrand.
113 F. Mitterrand et Hubert Védrine, attendant Jacques Chirac, 17 mai 1995.
114 Solutré, 14 juin 1995.
115 En famille, juin 1995.
116h Promenade au Champ-de-Mars, novembre 1995.
116b Belle-Ile, septembre 1995.
117 Assouan, Noël 1995.
118-119 Hommage à F. Mitterrand, place de la Bastille, 10 janvier 1996.
118b Obsèques à Jarnac, 11 janvier 1996.
119b Notre-Dame de Paris, 11 janvier 1996
120 Dessin de Plantu, in *Le Petit Mitterrand illustré*, Paris, 1995.
121 F. Mitterrand par Bryan Organ, 1984. Coll. IFM.
122-123 De haut en bas, de gauche à droite : (1) Avec Mazarine/coll. part., Éditions Julliard. (2) À son bureau de Latche, années 1970, détail. (3) Avec le frère Roger, Taizé. (4) Arman, *Hommage à la Révolution française*, 1984, marbre blanc et bronze doré, palais de l'Élysée. (5) Église d'Aulnay-de-Saintonge. (6) Tennis à Hossegor, 1954. (7) Globe terrestre de Fernand Pouillon, ministère des Affaires étrangères. (8) En famille en 1965. (9) Tablée à Latche, avril 1981. (10) Rénovation de la bergerie, Latche. (11) Baltique à l'Élysée.
124-125 De haut en bas, de gauche à droite : (1) Avec Marguerite Duras. (2) Avec Danielle Mitterrand. (3) À Vézelay. (4) Avec son petit-fils à Solutré, mai 1993. (5) À Solutré, détail. (6) Avec son âne à Latche, années 1970. (7) Avec Defferre et Charasse. (8) Avec Kiejman et Roger Hanin, juin 1995, Cluny. (9) Roche de Solutré. (10) Les chênes, Latche.
126 De haut en bas : *La Décennie Mitterrand, Le Vieil Homme et la Mort, Mitterrand, Une histoire de Français.*
127 Affiche du film *Le Promeneur du champ de Mars,* de Robert Guédiguian, 2005.
128 Belle-Île, septembre 1995.

TÉMOIGNAGES ET DOCUMENTS

129 Profil en ombre chinoise, 1981.
135 *Mémoires à deux voix*, couverture.
136 Avec François Mauriac, 1949.

INDEX

A - B

C

D - E

N - O - P

Q - R - S

T - U - V - W - Y

CRÉDITS PHOTOGRAPHIQUES

AFP dép. 5 (Gérard Julien), 32h, 55, 65b, 67b, (J.-C. Delmas), 71 (J.-C. Delmas), 78, 94 (P. Hertzog), 95h (P. Hertzog), 102b, 108 (Michel Gangne). Arman (© Adagp, Paris 2005 122-123 (4). Akg Photos 99m. Ana/J. Mounicq 124-125 (3). Archives de l'OURS, Paris 50h, 52. Yann-Arthus Bertrand dép. 6. Claude Azoulay 2-3, 60, 81g, 83b, 85b, 98h, 98b, 113, 122-123 (3), 124-125 (7), 124-125 (10). BDIC/Musée d'Histoire contemporaine, Paris 44h. Cirip/Alain Gesgon 29m, 44b, 61m, 74-75, 75. Coll. Centre d'archives socialistes de la Fondation Jean-Jaurès, Paris 49. Coll. Institut François Mitterrand, Paris 17b, 19b, 20b, 22-23, 25, 25b, 27, 32b, 34, 36-37, 37m, 46h, 46b, 54m, 62-63 (Michel Pansu), 62-63h, 69d, 69g (© Gisèle Freund/Documentation Française), 80, 82b, 89b (Droits Réservés), 90-91, 121 (© Bryan Organ/ph. PH. Sebert), 122-123 (11), 122-123 (8), 124-125 (6). Coll. Jean Mascolo 28. Coll. part. 15h, 24m, 26m, 28h, 38h, 45, 59m, 74m, 74b, 76h, 95m, 104-105h, 122-123 (1) (coll. part/Éditions Julliard), 126. Contact Press Images 10 (David Burnett), 124-125 (4) et 124-125 (5) (Patrick Artinian). Corbis Sygma 6-7 (D. Goldberg), 64 (A. Dejaen), 65 (A. Nogues), 66h (D. Goldberg), 66m, 72-73b (M. Philippot), 76-77 (A. Nogues), 81b (Bettmann), 83h (G. Giansanti), 85h, 87, 89 (B. Bisson), 101 (P. Le Segretain), 102-103 (Y. Forestier), 104 (Gyori), 105 (J. Jones), 110 (Y. Forestier), 112h, 114 (Gyori), 115 (B. Bisson), 118-119 (A. Nogues), 118b, 122-123 (9) (D. Goldberg), 124-125 (2), 124-125 (8) (Bisson-Gyori), 128 (Th. Orban). Dagli Orti 122-123 (5). Droits Réservés dép. 1, 127. Editing/l'Express 116b. Editing/Xavier Lambours 86. Éditions Gallimard 16; 122-123 (7), 126, 136 (Patrick Léger/éditions Gallimard). Éditions Robert Laffont /D.R. 15. Gamma 12, 20, 21, 22b, 26, 29b, 48 (Bensimon), 56b, 58h, 74h (L. Maous), 77 (J.-Cl. Francolon-L. Maous), 79h (A. Borrel), 79m (T. Siegmann), 81 (J.-J. Bernier), 84 (J.-Cl. Francolon), 88 (Bouvet-J.-Cl. Francolon), 92 (G. Merillon), 93, 97b (G. Bassignac-G. Merillon), 100 (A. Buu), 109b (A. Buu-G. Merillon), 110b (Simon Daniel), 111 (G. Bassignac), 122-123 (2), 122-123 (4), 124-125 (1) (M.-L. De Decker), dos, 129 (J.-Cl. Francolon). Getty Images 24h. Getty Images/Time & Life Pictures 100-101, 103b. Institut National de l'Audiovisuel 19h, 67h. Jacana/Claudius Thiriet 124-125 (9). Keystone 2e plat, 18, 35, 37b, 38-39, 39h, 40, 41, 42, 42-43, 46-47, 52, 54, 56, 58b, 60-61, 82h, 122-123 (6). Pascal Lebrun 1er plat, 1, 4-5, 72-73h. Magnum Photos/René Burri dép. 3. Magnum Photos 4-5 (© Abbas), 8-9 (Jean Gaumy), 51 (Coll. Otzenberg), 59h, 68 (Guy Le Querrec), 71b (Henri Cartier-Bresson), 122-123 (10) (Coll. Otzenberg). Mémoire 78/Sébastien Laforgue 109h. Paris-Match 112b. Paris-Match/J. Garofalo/M. Simon 30. Paris-Match/M. Le Tac 53. Paris-Match/R. Picherie 70. Rapho/Emil Luider © Adagp, Paris 2005 dép. 2. Rapho/Emil Luider dép. 4. Sipa Press 14 haut, 31 (Éclair Mondial), 36 (Dalmas), 47b (Dalmas), 57 (J. Cl. Francolon), 96h (F. Stevens), 96b (Benaroch), 97h (Pata-Chesnot), 99h (Laski), 106h (Eric Ben), 106b (Chesnot), 107 (Cham), 116h (Hadj), 117 (Imax), 119b (Facelly). Roger-Viollet 17h. Vincent Rousset 13, 14m. Rue des Archives 33, 41h. © Plantu 120.

REMERCIEMENTS

L'auteur et l'éditeur remercient particulièrement Mazarine Pingeot, Gilbert Mitterrand, Jean Lacouture, Claude Azoulay, l'Institut François-Mitterrand – et notamment Odile Grellat, Joëlle Jaillette et Georges Saunier –, Sandrine Bisognin, Benoite de la Gatinais, Maud Martin et les Éditions Fayard.

ÉDITION ET FABRICATION

DÉCOUVERTES GALLIMARD
COLLECTION CONÇUE PAR Pierre Marchand.
DIRECTION Elisabeth de Farcy.
COORDINATION ÉDITORIALE Anne Lemaire. GRAPHISME Alain Gouessant.
COORDINATION ICONOGRAPHIQUE Isabelle de Latour.
SUIVI DE PRODUCTION Fabienne Brifault. SUIVI DE PARTENARIAT Madeleine Giai-Levra.
RESPONSABLE COMMUNICATION ET PRESSE Valérie Tolstoï. PRESSE David Ducreux et Alain Deroudilhe.
FRANÇOIS MITTERRAND, UN DESSEIN, UN DESTIN
ÉDITION Michèle Decré-Cyssau. ICONOGRAPHIE Caterina d'Agostino et Clémence Grillon. MAQUETTE Valentina Leporé. LECTURE-CORRECTION Jean-Paul Harris et Pierre Granet. PHOTOGRAVURE PPDL.

Né en 1947, Hubert Védrine a toujours vécu dans la proximité de François Mitterrand. D'abord par son père, un des plus anciens et proches amis du futur président. Puis en travaillant, à partir de 1973, dans l'opposition avec François Mitterrand et ensuite à l'Élysée, de 1981 à 1995, comme conseiller diplomatique, porte-parole et enfin secrétaire général. Il a été ministre des Affaires étrangères de 1997 à 2002, pendant la troisième cohabitation. Hubert Védrine a publié en 1996 chez Fayard *Les Mondes de François Mitterrand*, sur la politique étrangère. Il préside l'Institut François-Mitterrand depuis 2003.

Que toutes celles et ceux, nombreuses et nombreux, qui ont joué un rôle dans l'une ou l'autre des phases de la vie de François Mitterrand et que je n'ai que mentionnés, voire même que je n'ai pas pu citer ici, veuillent bien me le pardonner : l'extrême brièveté de cet ouvrage m'a obligé à des choix douloureux.

Hubert Védrine

Dépôt légal : décembre 2005
Numéro d'édition : 138618
ISBN: 2-07-031928-8
Imprimé en France par IME